拝み屋備忘録

怪談死人帰り

郷内心瞳

竹書房
怪談
文庫

陽の目を見るモノ

今のが終わると、また次が、それが終わると、またすぐその次が。

ここ数年、斯様(かよう)なペースで新刊用の原稿を書き続けていることもあり、本という形に仕上がった自著をじっくり読み返す機会がめっきり少なくなってしまった。

差し当たり、見本が届いた時にざっと目を通し、他には新刊の原稿を執筆する過程で、過去作の時系列や小出しにしてきた情報などを確認するため、必要な箇所を読み返す。

あるとしても、せいぜいその程度のことである。純粋に自分が書きあげてきたものを愉(たの)しむため、腰を据えて読むことはほとんどない。

忙しいのは大変結構なことなのだが、これはある意味、不幸なことであるとも言える。

別段、自著に愛着がないわけではなく、ましてや嫌っているわけでもないというのに苦心して仕上げた本を愉しむ機会に恵まれないというのは、実に悲しいことである。

けれども私個人の事情がどうであれ、少なくとも「読まれる」ということに関しては読者がきちんと読んでくれるから、既刊の自著については大筋問題はなかろうと思う。

むしろ、それより不憫に思えてならないのは、読者にさえも読まれることがないまま、我が家のＰＣやノートの中で長らく眠り続ける、哀れな原稿データのほうである。

すでに十年近く、怪談実話というものを書き続けている。その間に書きあげた原稿の全てを自著に収録してきたわけではない。

理由は様々にあるが、最も多いのは「今回の本には使えない」というパターンである。

拙著の大半は、表題作となる怪談の内容＝テーマに沿って、同系統の流れを汲む話や似たような風合いを醸（かも）す話を寄り抜き、流れの中に組みこんでいくという造りが多い。

数十年も前に体験した自分の話や、人から聞いた話であっても、新たに書きだす本のテーマと噛み合わなければ、その採用は延々と見送られることとなる。

斯様な事情で長らく眠り続けている話は数えきれないほどあるし、テーマに合致する話であっても紙面の都合上、一冊の本の中に全てを収録できるわけではない。

紙面からあぶれた分の話も等しく、次の機会が訪れるまで寝かされることになるのだ。

そうした事情があって寝かしっぱなしにしている話も、私の手元にはたくさんある。

「拝み屋備忘録」シリーズ七作目となる本書では、それら不遇なワケあり怪談の数々を眠りの淵から呼び起こし、できうる限り紹介していきたいと考えている。

既刊のシリーズで収録を見送ってきたものが大半とはいえ、先に触れた事情のとおり、各話の内容自体に関しては、採用された話と比較して決して質が劣るということはない。その点はどうかご安心していただきたい。

他にもいろいろと煩わしい事情があって、これまで紹介することのできなかった話も「この際だから」ということで、今回は収録に踏みきった。中には曰くつきの話もある。これらも合わせてひとまとめにすると、様々な背景と色みを有するバラエティー豊かな怪異の数々が、同じ紙面にずらりと肩を並べることになる。

然様な意味合いでは此度の拙著こそシリーズの題名どおり、真に「備忘録」と呼べる一冊なのかもしれない。初めて拙著を手にされる方はもちろん、これまでのシリーズを愛読されている読者諸氏にも気軽に愉しんでいただけるのではなかろうか。

ただし、くれぐれも油断は禁物である。私の性根はなかなかひねくれている面もある。良からぬタイミングで人を驚かすのが、このうえなく好きなのだ。

読書中は何が起きてもいいように、気を引き締めながら愉しまれることをお勧めする。

それではこの先、ようやく「陽の目」を浴びることの叶った怪異たちとたっぷり戯れ、あなたも再び陽の目が見られることを祈りつつ、そろそろ幕を切らせていただこう。

目次

※本書に登場する人物名は様々な事情を考慮して仮名にしてあります。

呼び起こす

都内で飲食店を経営している幕田（まくた）さんが二十年ほど前、大学時代に体験した話である。

三年生の夏休みに幕田さんは、一泊二日のゼミ合宿に参加した。

場所は、千葉県北部の田舎町にある鄙（ひな）びた民宿。

周囲に群立する樹々から聞こえる蝉の声が少々うるさく、敷地の裏手に古びた墓地が広がっているのが、なんとなく不気味に感じる場所だった。

けれども都心と比べて気温は格段に涼しく、余計な娯楽もないため、なんだかんだで論文の執筆に集中することができた。時間はあっというまに過ぎていく。

夜はゼミの参加者全員で焼き肉を楽しみ、庭先で花火大会に興じるなどして過ごした。

その後は風呂に入り、あとは寝るまで自由時間だったのだけれど、誰の口からともなく、「みんなで怪談話をしよう」という流れになる。

会場は、裏手に広がる墓地を見おろす二階の一室に決めた。八名ほどの男女が集まり、ナツメ球の薄明かりに照らされた暗い部屋の中でさっそく怪談会が始まる。

窓越しに墓地を隔てる状況ゆえ、語られる話も自ずと墓や寺に関するものが多かった。午後の九時過ぎに始まった怪談会は否応なしに盛りあがり、時間は瞬く間に過ぎていく。はたと気づけば、時計の針は日付を跨ぐ頃になっていた。

「そろそろお開きにしようか?」という話になり、幕引きに同学年の女子学生が一話を語って解散することになる。彼女が披露したのも、やはり墓場にまつわる怪談だった。

話が佳境に差し掛かり、皆が彼女の語りに固唾(かたず)を呑んで耳を傾けていた時である。カーテンを開け放っていた窓の向こうに、ふと妙な気配を感じた。

視線を向けると、暗闇に染まったガラス窓に白髪頭の老婆が両手をべたりと貼りつけ、満面に狂気じみた笑みを浮かべながら幕田さんたちを見ていた。

一同、「ぎゃっ!」と叫んで立ちあがったとたん、老婆はガラスから手のひらを離し、闇の中へ引かれるように消えていった。

恐る恐る窓辺に近づいて様子を探ってみたのだが、老婆の姿はどこにも見当たらない。窓の外には梯子(はしご)や階段といった物はおろか、足を掛けられるような場所もなかった。

得体の知れない老婆の異体は、怪談会に参加した全員がその目ではっきりと見ていた。

「ガチで幽霊が出た！」ということになり、その場はたちまち騒然となる。

怪談会を開いた二階の一室は、ふたりの男子学生に割り当てられた部屋だったのだが、「怖くてここでは寝られない」ということになり、彼らはその晩、カーテンをぴたりと閉ざした幕田さんの部屋で寝ることになった。

翌朝、帰宅の段に至った時のことである。

荷物をまとめ、玄関先で待っていると、ほどなく送迎用のマイクロバスがやって来た。敷地に停まったバスに向かって歩き始めるなり、幕田さんは思わずぎょっと目を瞠（みは）る。

真夏の陽光に照らされた窓ガラスの向こう、車内の後部座席に白髪頭の老婆が座って、こちらにぎらぎらとした笑みを浮かべていた。

幕田さんが「おい！」と指を差すと、他の学生たちもすぐに気づいて悲鳴をあげた。とたんに老婆は霧が晴れるかのごとく、ふわりと姿を消してしまう。

恐る恐る車内に入って隈なく様子をうかがってみるも、老婆の姿はどこにもなかった。運転手も、そんな老婆のことなど知らないとのことだった。

　ゼミから帰宅した二日後の日中、幕田さんは交通事故に見舞われ、右の大腿骨を折る大怪我を負った。横断歩道を通行中、信号無視をしてきた車に撥ねられたのである。同じく、ゼミが終わって十日ほどの間に他の学生たちも、次々と大怪我に見舞われた。数は幕田さんを含めて合計四人。そのいずれもが、怪談会に参加した面子である。

自宅の風呂場で足を滑らせ、右肩にひびが入った者がひとり。

大学構内の階段で足を踏み外し、くるぶしの骨を折った者がひとり。

そしてバイト先の居酒屋で酔客に殴られ、鼻の骨を折った者がひとり。

奇しくも四人とも、骨に関する怪我だった。ただの偶然だと思いたかったのだけれど、のちになって怪我を負った連中に話を聞くと、事故が起こる前の晩に夢を見ていた。件の老婆の夢である。幕田さんも見ていた。夜半過ぎ、夢の中で老婆に首を絞められ、はっとなって目覚めている。全員が、夢を見た日に怪我をしていた。

　その後は老婆の夢を見ることはなく、変わったことが起こることもなかったそうだが、今でも目蓋を閉じると老婆の顔は鮮明に思いだすことができるそうである。

　民宿での怪談会が何かの怒りに触れてしまったのかと、幕田さんは考えているという。

濡れ双子

その幕田さんが経営している、都内の飲食店で起きた話である。

三年前の夏場、夜の九時過ぎだったという。

幕田さんが店の事務所で書類の整理をしていると、若い女性スタッフが血相を変えて部屋に駆けこんできた。「どうしたの？」と尋ねるや、彼女は顔じゅうを恐怖に歪ませ、「お化けを見たかもしれません！」と答えた。

つい今しがた、フロアで給仕をしていた時だという。

新しく来店したグループ客からオーダーを受けて厨房へ引き返す途中、フロアの隅の壁際に五歳ぐらいの男の子がふたり、並んでぽつんと立っているのが目に入った。

ふたりとも白いワイシャツに、サスペンダーで吊られた紺色の半ズボンを穿（は）いている。

髪型も同じだったが、顔立ちもそっくりなので、一見して双子ではないかと思った。

男の子たちはなぜか、全身びしょ濡れだった。足元には小さな水溜まりもできている。この晩、外では雨など降っていなかったので、一体どうしたのだろうと思う。

不審を抱いて近づいていき、「ぼくたち大丈夫？　どうしたの？」と声をかけるなり、ふたりはスタッフの目の前でどろんと姿を消してしまった。

ぎょっとなって目を瞠ると、ふたりが立っていた足元の水溜まりも一滴残らず消えてなくなっていたのだという。

「やっぱりお化けでしょうか？　それとも幻覚だったんでしょうか……？」

顔色の蒼ざめたスタッフに尋ねられるも、幕田さんとしては返答のしようがなかった。差し当たり、「あまり気にしないほうがいいよ」と慰め、その場を収めた。

それから数日経った週末の夜、同じスタッフが再び血相を変えて事務所にやって来た。

「あの双子がまた店にいる」と言う。

スタッフに先導されて厨房からフロアを覗くと、四人掛けのテーブル席に若い男女と、同じ顔をした男の子がふたり、腰掛けているのが見えた。ふたりとも白いワイシャツに、サスペンダーで吊られた紺色の半ズボンを穿いている。

スタッフが証言するには、間違いなく先日見た、あの双子だという。

彼らと共に座る若い男女は多分、両親だろうと思ったが、あとは何も分からなかった。

ふたりの男の子はどう見ても生身のそれであり、幽霊でもなければ幻覚でもない。

スタッフも「わけが分からないです……」と言って溜め息をついた。

一家とおぼしき四人連れの来客は、和気藹々（あいあい）とした様子でオーダーした料理を愉しみ、何食わぬ素振りで会計を済ませ、店を出ていった。


斯様な変事があって、さらにひと月ほどが経った頃のことである。

やはり夜の九時頃、今度は中年の男性スタッフが、真っ青な顔で事務所に入って来た。

店のトイレで、件の双子らしき男の子を見たのだという。

仕事中、彼が小用を足そうとトイレに向かうと、小便器の前に白いワイシャツを着て、サスペンダーで吊られた紺色の半ズボンを穿いた男の子がふたり、小便器の前に並んで突っ立っていた。顔には笑みが浮かんでいたが、どちらも全身ぐっしょりと濡れていた。

ひと目見るなり、「例の双子だ」と思って恐れ慄（おのの）いたが、足はちゃんと付いていたし、身体が透けているわけでもない。どう見ても、生身の子供としか思えない。

おどおどしつつもふたりの前まで近づき、「ちょっとどいてくれる?」と声をかけた。

すると双子は、小便器の前から左右に割れて動いたのだが、ほっとしたのもつかのま、左右に視線を向けると、ふたりはトイレの中から忽然と姿を消していたのだという。

「やっぱりお化けですよね? 幻覚なんかじゃないと思うんですけど……」

額から冷や汗を垂らしながら訴えるスタッフに、またもやわけが分からなくなったが、さすがに二度もこんなことが起きると、幕田さんもすっかり気味が悪くなってしまった。

知り合いのつてを頼って神主にお祓いを頼むことにする。


以来、スタッフたちから怪しい双子を目撃したという話は聞かなくなった。

だがその一方、件の双子は「普通の客」として、両親とおぼしき若い男女に連れられ、それから半年余りの間に何度か店にやって来た。

給仕を担当したスタッフたちの話によれば、特にこれといって不審な様子は見られず、至って普通に食事を愉しんでいたらしいが、彼らの素性に関する件は不明のままだった。

結局、怪異の原因も明かされないまま、はたと気づいた頃には彼らが店に来ることもなくなってしまったそうである。

真相はいかに？

名越（なごし）さんという、四十代の男性から聞かせていただいた話である。

彼が大学生だった頃、同期の学生に森尾（もりお）さんという青年がいた。

講義の席で何度か顔を合わせているうちに、たまさか趣味が同じということが分かり、その後は徐々に親しい間柄になっていった。

森尾さんと交流するようになってまもなくした頃、彼には幼い頃に死に別れた双子の兄がいることを知った。小学一年生の時にインフルエンザで亡くなったのだという。

仲のいい兄弟だったので、兄の死後はしばらくショックで不登校になったという話も聞かされた。他に兄弟もいないため、未だに喪失感は拭いきれないものがあるという。

森尾さんとの付き合いは大学を卒業し、それぞれ別の企業に勤め始めてからも続いた。

就職から五年ほどが過ぎた、真冬のことである。

ある日の晩、森尾さんと居酒屋で酒を酌み交わしていると、彼が妙な話を切りだした。

昨日の昼間、職場の昼休みの時間に亡くなった双子の兄が現れたのだという。

職場の近くにある馴染みの定食屋で昼食を済ませ、街中の歩道を独りで歩いていると、ふいに背後からぽんと肩を叩かれた。

振り返ったすぐ先には自分と同じ年恰好に成長した兄が、笑みを浮かべて立っていた。

はっと驚くや、兄はその場で姿を消してしまったのだという。

「今の俺にそっくりだったよ。人って死んでも成長するものなんだな。懐かしかったし、わざわざあの世から会いに来てくれて、嬉しかった」

森尾さんはしみじみとした面持ちで、亡き双子の兄との邂逅を語った。


その翌日から森尾さんは、高熱を発して床に臥せってしまう。

インフルエンザだった。

容態はたちまち悪くなり、発熱から三日目には入院する運びとなってしまう。

一時は安定したかのように思われたのだが、入院から二日後に意識不明の重体となり、発熱からちょうど七日目の晩に森尾さんは息を引き取ってしまった。

葬儀が終わってしばらくした頃、名越さんはふと、こんな疑問に駆られたのだという。

森尾さんは亡くなった双子の兄に、あの世へ連れていかれたのではないかと。

死因も兄と同じくインフルエンザだったし、辻褄は合うような気がした。

だがその一方で、こんな可能性も思い浮かんでしまい、頭を悩ませることになった。

森尾さんがあの日、街中で出くわしたというのは、亡くなった双子の兄などではなく、森尾さん自身のドッペルゲンガーだったのではないか、という説である。

俗に己の幻影を目撃するのは、死の前兆とも言われているので、こちらも辻褄は合う。

果たして真相はどちらであったのか。

どちらも一定の信憑性が感じられ、判断に悩んだのだけれど、結局答えは出なかった。

当時から二十年近く経った今現在でも、亡くなった森尾さんのことを思いだす時には、もやもやとした掴みどころのない思いに苛(さいな)まれてしまうそうである。

サイドから

ライターの紗莉亜（さりあ）さんが取材のため、静岡県のビジネスホテルに泊まった時のこと。

夕暮れ時、フロントで鍵を受け取り、予約した部屋に入ると、両肩が急に重くなった。

まるで見えない石でものせられたかのような、ずっしりとした重みを感じる。

疲れているのかなと思い、顔色を見るため、ドレッサーに付いた鏡に視線を向ける。

四角い鏡面には自分の姿と、その両肩に顎（あご）をのせて薄笑いを浮かべる、ふたりの女が映っていた。どちらも死人のように蒼ざめた顔色をしている。

金切り声をあげて部屋を飛びだすと、ただちに部屋を変えてもらったという。

ご案内

数年前の初夏。

中津(なかつ)さんは学生時代の友人たちと、渓谷沿いに立つ温泉旅館へ泊まりにいった。

その日は連休の初日だったということもあり、フロントはチェックインの順番を待つ大勢の宿泊客で長蛇の列ができていた。

手続きを友人に任せ、中津さんは人ごみを掻(か)き分けながらトイレに向かった。

数分後、用を足し終えトイレを出ると、目の前に着物姿の若い女中が立っていた。

「お部屋のご用意ができましたので、ご案内させていただきます」

「どうも」と応え、女中の先導で館内の廊下を歩き、建物の奥へと向かって進んでいく。

友人らは先に部屋へ行ってしまったのかと思ったが、尋ねても女中は何も答えなかった。

するすると滑るような歩調で中津さんに背を向け、無言で前方を歩いていく。

ほとんど小走りに近い足取りのため、少し気を緩めるとあっというまに距離が離れて、背中を見失ってしまいそうだった。中津さんも急ぎ足で続いたが、女中の足は速すぎて、じわじわと距離が離れていく。

さすがに堪りかね、「ちょっとすみません！」と声をかけた。ところが彼女はこちらを振り向きもせず、黙って前を歩き続ける。なんなんだよ……と狼狽し始めた時だった。五メートルほど離れた前方を歩く女の背中が曇りガラスのようにぼんやりと透け始め、身体越しに廊下の向こうの様子がうっすらと見えた。

目を瞠って様子をうかがってみたが、背中は確実に透けている。慄きに駆られながら背中を追っているうちに、女の姿は廊下の上から跡形もなく消え去ってしまった。

慌てて踵を返してフロントに舞い戻ると、友人たちの姿があった。ようやく今しがた、チェックインが済んだという。

すぐさま自分が目にしたものを伝えたが、まともに取り合ってくれる者はいなかった。幻覚でも見たのだろうと笑われてしまう。

中津さんはただ独り、不穏な気分を抱えながら宿に泊まる羽目になったのだという。

闇泣き

こちらも宿泊先での体験談になる。

会社員の美千代(みちよ)さんが、仕事で都内のビジネスホテルへ泊まった時のこと。

深夜零時過ぎ、部屋の電気を消してベッドに入ると、どこからともなく女の泣き声が聞こえてくることに気がついた。

か細く小さなものだったので、初めは気のせいかと思っていたのだが、耳を欹(そばだ)てると確かに聞こえてくる。しくしくと声音をひそめて、すすり泣いているかのようだった。

構わず寝てしまおうとしたものの、声は一向に止む気配がない。しだいに目も冴えて、寝付くことができなくなってしまった。

仕方なく本でも読もうと思い、枕元に置かれたナイトスタンドの明かりを灯す。

とたんに泣き声がぴたりと止んだ。

なんだ……と溜め息をこぼし、それならやはり寝ようと、スタンドの明かりを消した。

すると再び、しくしくと小さな泣き声が聞こえてくる。

「もう！」と鼻息を荒げ、スタンドのスイッチを入れ直す。

橙色の薄明かりに室内が照らされると同時に、泣き声はぴたりと止んでしまう。

ここで俄（にわ）かに不信感を抱き、すかさずスタンドのスイッチを切ってみた。

部屋の中が暗くなった瞬間、女のすすり泣く声が小さく耳に聞こえてくる。

そっと息を殺し、よくよく声の出処を探ってみたところ、泣き声はベッドの真下から
聞こえてくることに気がついた。どきんと心臓が跳ねあがる。

気配を忍ばせながら静かに布団を抜けだし、暗闇の中でベッドの下に視線を向けると、
そこには誰の姿もなかったが、女のすすり泣く声が一際大きくなって聞こえてきた。

すかさず電気を点けると、声はやはりぴたりと止んだ。

そのまま部屋を飛びだしてフロントへ駆けこみ、「部屋を替えてほしい！」と頼んだ。

スタッフは特に事情を尋ねることもなく、すぐに別の部屋を手配してくれたそうである。

目のやり場

八年ほど前の秋口、自営業を営む穂積(ほづみ)さんは出張仕事のついでを兼ねて、中越地方のとある温泉旅館に宿をとった。いわゆる「穴場」と呼ばれる小さな温泉旅館である。

無事に仕事を終えた初日の夕方、チェックインするなり、さっそく温泉に浸かった。

浴室は十畳ほどの狭い造りで、中には小ぶりな檜の湯船がひとつあるだけだったが、平日ということもあってか、人の姿は見当たらなかった。ゆったり浸かることができる。

気持ちがよかったので寝る前にもう一度と思い、夜の十一時頃に再び温泉へ向かった。

やはり浴室に人の姿はなく、湯船に両脚を投げだし、のんびりと湯を愉しみ始める。

ところが、入浴から五分ほどした頃だった。

脱衣所のほうが俄かに騒がしくなり、浴室へぞろぞろと子供たちが入ってきた。

歳は五、六歳ほど。数は全部で十人近くいる。いずれも女児だった。

　無論、どの娘も素っ裸である。自ずと目のやり場に困ってしまう。すかさず顔を伏せ、濛々と蒸気を立てる湯に向かって視線を落とした。

　対して女児たちは「きゃっきゃ！」と黄色い声をあげつつ、続々と湯船に入ってくる。狭い浴槽はたちまち女児たちでごった返し、小さな裸体が稲積さんの周りを固めた。

　さっさとあがってしまおうか……。目を伏せながら、思い始めた矢先である。

「摩訶般若波羅蜜多心経ぉぉぉ……」

　浴室に広がる黄色い声が突然止んだかと思うかと、女児のひとりが仰々しい節をつけ、伸びやかな調子で声を発した。

「観自在菩薩　行深般若波羅蜜多時　照見五蘊皆空　度一切苦厄」

　続いて一人目の女児の声に合わせ、他の女児たちも一斉に唱和を始める。

「舎利子　色不異空　空不異色　色即是空　空即是色　受想行識亦復如是」

　般若心経だった。経本もないのに、どの娘もすらすらと淀みのない声音で諳んじた。

「舎利子　是諸法空相　不生不滅　不垢不浄　不増不減　是故空中」

　この段に至って、ようやくこの娘たちが「普通の子供」でないことに気づいてしまい、頭の芯がみるみる冷たくなっていった。

そもそも考えてもみれば、こんなに幼い子供たちが夜の遅い時分に、それも保護者の付き添いもなしで風呂に入ってくること自体、すでにおかしなことであった。

思いが及ぶと背筋もぞくりと震え、うなじの産毛がいっぺんに逆立つのを感じた。

「無色　無受想行識　無眼耳鼻舌身意　無色声香味触法」

経を誦する女児たちの声は止まらない。いずれも年端もいかない娘とは思えないほど流暢な声風で、一心不乱に唱え続けている。

ちらりと視線を向けた顔には、能面のように冷たくうつろな色が浮かんでいた。

「無眼界　乃至無意識界　無無明亦　無無明尽　乃至無老死　亦無老死尽」

事態が呑みこめると、目のやり場などより、身の置き場のほうにこそ困った。周囲は女児たちにぐるりと囲まれ、湯船を出ようにも下手に立ちあがることすらままならない。

「無苦集滅道　無智亦無得　以無所得故　菩提薩埵　依般若波羅蜜多故」

湯船の中でがちりと身を強張らせるさなか、やおら女児たちがこちらに顔を振り向け、経を唱えながらざぶざぶと水飛沫をたてて、こちらに身体を近づけてきた。

「心無罣礙　無罣礙故　無有恐怖　遠離一切顛倒夢想　究竟涅槃　三世諸仏！」

女児たちは身体が引っ付くほどの距離まで擦り寄り、声もますます大きくなる。

堪らず「ぎゃっ！」と悲鳴をあげたとたん、目の前が一瞬真っ暗になり、再び視界が元に戻ると両目は古びた天井板を見あげていた。

いつのまにか、脱衣所の床へ大の字になって伸びていたのだった。

起きあがって、恐る恐る浴室のほうに耳を欹てると、経の声は聞こえなくなっている。

だが、戸を開けて中を覗いてみる気にはなれなかった。

慌ただしく浴衣に袖を通し始めた時、右手の甲に青痣が浮いていることに気がついた。

痣は、筆で書いた梵字のような形を描いて浮かんでいる。

のちになって調べたところ、梵字は「サク」と呼ばれる、勢至菩薩を表すものだった。

勢至菩薩は穂積さんの守り本尊に当たる仏である。

どうしてこんな痣が……と首を捻りはしたものの、理由は分からずじまいだった。

痣は数日ほどで消え失せ、その後は特に身辺で異変が起きることもないそうである。

温泉坊主

「座敷童子は出ないんですがね、代わりにうちは別の奴が出るんですよ」

東北のとある温泉郷で小さな旅館を営む、木曽根さんから聞かせてもらった話である。

開業から五十年以上を迎える木曽根さんの旅館には、お化けが出るのだという。

場所は旅館の西側に面した温泉の男湯。夜更け過ぎまで入浴することができるのだが、お化けが出るのは決まって遅い時間帯だという。

木曽根さん自身は一度も姿を見たことはないそうだが、お化けを目撃した宿泊客らの証言によると、頭の禿げた大男であるという。

夜更け過ぎ、誰もいない湯船に浸かってのんびりくつろいでいると、前方の湯の中にいつのまにか何かが沈んで、横たわっているのが目に入る。

視線を凝らしてよく見れば、それは頭の禿げた素っ裸の大男であるという。

客が気づくと、男は湯の中からゆっくりと身を起こし、仁王立ちになって眼前に迫る。客は驚いて浴室を飛びだすのだが、ふと振り返ると、男は湯船の中から姿を消している。夜中にこんな報告を、被害に遭った客から数年おきに受けるのだという。

禿げた男の正体については、一切分からない。

開業から五十年余り、浴室内で死亡事故や事件が発生したことなど一度もなかったし、客室をはじめ、館内でそうしたアクシデントが起きた試しもなかった。

蒼ざめた顔をした客から報告を受ければ、謝罪をする。対応はそれだけで済んでいる。妙なことに時間が経って客が宿を辞する頃になると、湯船で頭の禿げた男のお化けを見たことなど、綺麗さっぱり忘れているそうである。

いずれの客も例外なく記憶が消えてしまうため、余計な対応に見舞われることもなく、旅館はささやかながらも営業を続けられているのだという。

人でなし旅館の怪

二〇一八年に発売された「拝み屋備忘録」シリーズの第一作目『怪談双子宿』。

その中で私は、妻とふたりで出掛けた山間の温泉旅館で、怪しい双子の少女の幽霊に襲われそうになったという話を書いた。

頑是（がんぜ）ない頃から他人の目には見えざるおかしなものを見ながら育ち、長じたのちには拝み屋などという特異な仕事に勤（いそ）しむ手前、斯様に切羽詰まった体験をしてしまうのは、自明の理と言うか、ほとんど日常生活の一部と言える。

旅先で怪異に見舞われることもまた多い。

双子の幽霊は二〇一四年の夏場に遭遇したのだが、そこから少し時を遡（さかのぼ）った春頃にも初めて訪ねた宿泊先で、私は奇怪な体験をしている。せっかくなので、この機に乗じて紹介していくことにする。

あれは確か、二〇一四年の四月だったと思う。

都内で開かれた某出版社の授賞式に招かれ、私は泊まりがけで都内に出掛けた。

会場は恵比寿駅の近くだったので、宿泊先は近場の五反田で見つけた旅館を予約した。

宿は茶色い瓦屋根の葺かれた二階建てのこぢんまりとした構えで、五反田駅から徒歩で二十分ほどの距離にある、狭い路地に面して立っていた。

午後の三時頃に到着して玄関を開けると、奥の部屋から六十絡みで頭の禿げた親父がのそりと出てきて、チェックインの手続きをしてくれた。部屋は二階だという。

階段をあがって部屋に入ると、中は八畳敷きの畳部屋だった。窓は表の路地に面して四枚並び、曇りガラスが嵌められていた。

三十分ほど横になって休んだのち、大きな荷物だけを置いて宿を出た。

その後、恵比寿の会場に向かい、授賞パーティーに参加した。

会場をあとにしたのは、深夜零時を回る頃。式に招かれた作家や編集者の半数ほどが、近くの呑み屋で二次会をするというのでこれにも参加する。

二次会は午前三時過ぎにようやく終わった。その後、タクシーで五反田の宿まで戻る。

狭い路地の玄関前で降車すると、宿は電気がひとつ残らず消えて真っ暗になっていた。

戸口に手を掛けてみたが、鍵が締められていて開かなかった。

携帯電話から宿へ連絡を入れても応答がない。俄(にわ)かに焦りが生じ、玄関戸を叩きつつ、「すみません！」と呼びかけても中から応じる者はいなかった。

どうしたものか……と思っているうちに、今度は頭の上にぽつりぽつりと冷たい水が滴(したた)り始める。雨が降ってきたのである。

あいにく、傘は持っていなかった。玄関前に設えられた軒下に身を寄せ、雨粒を凌(しの)ぐ。再度電話を掛けてみても応答はなく、玄関戸を叩いてもやはり梨の礫(つぶて)だった。

どこか近くで手頃な呑み屋でも見つけ、朝まで時間を潰そうかとも思ったのだけれど、土地勘がないため二の足を踏んでしまう。

そうして思い惑っているうちに雨足は勢いを増してゆき、闇夜の路上は傘を差さずに歩けないほどの有り様になってしまった。まったく身動きが取れなくなる。

仕方なく惨(みじ)めな気分で雨音を聞きながら、木偶(でく)のごとく軒下に佇む。

二時間近く耐え続け、時刻が午前五時を過ぎても雨は尚も変わらず降り頻っていたが、外は明るくなり始めてきた。そろそろ誰か、起きてもいい時間ではないかと思う。

軒下から路上に足を踏みだし、二階に向かって視線をあげる。

等間隔に六つ並んだ部屋の窓は、ひとつを除いて全てカーテンが閉めきられていた。カーテンが開いているのは、私が予約を取った部屋だけである。

暗く染まった曇りガラスの向こうに白い人影が立って、こちらを見おろしているのが見える。輪郭から察して、女のようだと思う。

まさかと思って視線を凝らしたが、影は微動だにせず窓辺に立っている。窓の位置も自分が予約した部屋のもので間違いなかった。

不穏な光景に慄き始めた矢先、玄関戸の向こうでがちゃりとドアの開く音が聞こえた。見ると、玄関口の奥に面した部屋から、宿の親父が出てきたところだった。

「すみません！」と声をかけると、親父はすぐに気づいて玄関戸を開けた。

「おはようございます。どうされましたか？」

「どうされましたかじゃないですよ。夜中に帰ってきたんですけど、玄関が開かなくて中に入れませんでした。電話を掛けても繋がらないし、今までずっと待っていたんです。こっちのほうこそどういうことなのか、事情を聞かせていただきたいです」

語気を強めて親父に問いかける。

「いやあ、うちは門限が深夜零時なので、その後は施錠してしまうんですよ」

何食わぬ調子で親父は答えたが、ネットで予約した際、宿のページにそんなルールは表記されていなかった。チェックインした時にも説明は受けていない。

それを指摘すると、親父はようやく「すみません」と頭をさげたが、顔には薄笑いが浮かんでいた。チェックアウトは十時だったが、仮眠を取る気もなくなってしまう。

「荷物を取ってきたら帰ります」

短く不愛想に告げ、へらへら笑う親父の前を横切って階段へ向かった。

そこで思いだす。そう言えば部屋の中に白い女がいたんじゃなかったっけ？

まいったな……と焦ったものの、荷物を取るには部屋に入る以外ない。覚悟を決めて古びた踏面をあがり詰め、恐る恐るドアを開ける。

まずは窓辺に視線を向けたが、女の姿は見当たらなかった。室内をざっと見回しても、怪しげなものを確認することはできなかった。畳の角隅にまとめておいたバッグなどを急いで引っ掴み、逃げるような勢いで部屋を抜けだす。

階段をおりて玄関口まで戻ると、親父は同じ場所に突っ立っていた。黙って帰るのもどうかと思ったので、ひと言声をかけることにする。

「お世話になりました」

言うと親父は「お早いお帰りですね」などと返したあと、ふいにはっとした顔になり、

「まだ外、雨が降っていますよ！　よければ傘をお持ちになってください」と言った。

この期に及んで恩を受けるのは癪だった。すかさず「いいえ、結構です」と応える。

すると親父のほうも、すかさずこんな駄弁を返してきた。

「いやいや、どうせ前のお客さんが忘れていった傘ですから、使ってやってください！タダだし、ゴミみたいなもんですから！　ね！」

「ふっざけんな、クソジジイ！　さっきから人を小馬鹿にしくさりやがって！」

怒鳴りつけると親父はしゅんとなってしまい、あとは石のように押し黙ってしまった。

「ふん」と鼻息を荒げながら玄関を出る。

親父の言うとおり、外は頻降る雨に煙って、路上に無数の水飛沫の花を咲かせていた。

駅まで二十分の距離を濡れ鼠になるのを覚悟で歩きだす。

雨粒に身体を濡らされながら細い路地を歩きだすと、背後で誰かの気配を感じた。

通行人かと思って振り返ったのだが、そうではなかった。

路地の向こうにいたのは、白いローブのようなものを着た、髪の長い人影である。

距離はおよそ十数メートル。身体の脇にだらりと両手をぶらさげながら、人気のない路地のまんなかに突っ立ち、こちらに面を向けている。

雨で視界が少々霞んでいるとはいえ、女の輪郭は滲んだように全体がぼやけ、仔細がはっきりとしなかった。顔立ちもよく分からない。

明らかにこの世のものではなかったし、その輪郭は先ほど、旅館の窓辺に立っていた女のそれと瓜二つに思えた。

仕事以外で厄介事に関わるのは御免被りたい。首を前に向け直すと無視を決めこんで、再び路地を歩き始める。冷たい雨粒を浴びながら大通りに出ると、傘を差した通行人が歩道を行き交う姿がちらほらと見え始めた。多少ながらも安堵する。

念のためにと、再び背後の路地へと視線を向ける。

まだいた。というより、こちらへ向かって歩いてきている。

女はふらふらと、酩酊したような足取りで路地の奥から進んでくる。

距離は五メートルほどまで近づきつつあったが、それでも輪郭はぼんやりとしていて、相変わらず顔の造りがよく分からない。ただ、日本人形を彷彿させる丸くて黒い両目は、私の顔にまっすぐ注がれているのだけは見て取れた。

たちまちぞっとなり、ほとんど小走りに近いほど足を速めて、駅へと続く歩道を進む。そうして脇目も振らず十分ほど歩き続けた頃、意を決してもう一度振り返った時には、背後に女の姿は見えなくなっていた。

一瞬、幸いだったと思いかけるも、そもそもどうして自分がこんな目に遭わなくてはならないのかという疑念が脳裏を掠め、みるみるムカッ腹が立ってきた。

雨の真夜中、宿から理不尽に締めだされた件から始まり、宿の親父の慇懃無礼な態度、さらには宿の視えざる住人とおぼしきお化けの追撃と、まさに踏んだり蹴ったりである。二度とあんなところへ泊まるものかと憤慨しつつ、私は帰途に就いた。

それから数年経って、何気なくネットで調べてみたところ、件の旅館はいつのまにか潰れてなくなっていた。廃業した理由について、頭に思い浮かんでくるものはあったが、確信はないため、ここでは敢えて伏すこととする。

安い宿泊料金を考慮に入れても、とにかく何もかもが杜撰でひどい宿だった。

池袋の地下ホテル

この際だからもう一話、出先にまつわる話を紹介する。

こちらは二〇一五年の秋口だったと思う。某出版社の編集者と打ち合わせをするため、やはり一泊二日の予定を組んで都内へ出掛けた。

拝み屋の出張相談などで都内に赴く際は、いつも新宿の東口にあるカプセルホテルに宿を取るようにしている。この時もカプセルホテルに一泊するつもりだったのだけれど、ネットで調べてみると、あいにく満室になっていた。

仕方なく同じ価格帯で手頃な宿を検索したところ、池袋駅から少し離れた場所にあるビジネスホテルがヒットした。ネットサイトに掲載されているホテルの写真を検めると、灰色のコンクリートビルと竜宮城を足して二で割ったような、不可解な外装をしていた。屋根には水色の瓦が載り、玄関口の両脇には朱塗りの柵が立てられている。

今までちょっと見たことのない構えである。少なくとも好意的な印象は抱けなかった。一抹の不安を覚えたものの、他にはこちらの懐(ふところ)事情に合致する宿は見つからなかった。貧乏人の酔狂か社会勉強の一環だと諦め、渋々予約を取ることにする。

当日、昼過ぎにホテルへ到着し、玄関をくぐってフロントに向かうと、スタッフから「部屋は地階になります」と告げられた。

ホテルは狭い造りの三階建てだったが、地面の下にも部屋があるとは知らなかったし、そんなところに泊まることになるとも思っていなかった。

少々面食らいながらも部屋の鍵を受け取る。

フロントの脇にあるエレベーターへ向かうと、スタッフから「違います」と言われた。地階は一度玄関を出て、建物の横手にある外階段を使っておりていくのだという。

「なんだそりゃあ」と独りごちながら外へ出て横手に向かうと、確かに外階段があった。両側を水色のタイル壁に挟まれた狭い階段が、眼下に広がる暗闇に向かって延びている。

階段をおりた先は頭上の照明が落とされ、昼でも夜を思わせる薄暗さに包まれていた。通路の両壁に並ぶドアの番号を見ながら進んでいくと、私の部屋は通路のいちばん奥に面した左側にあった。

中に入って明かりを点ける。小ぶりなシングルベッドとテレビが置かれたドレッサー、浴室があるだけの簡素な造りの部屋だった。かすかに黴の臭いが漂っている。

窓はないものだと思っていたのだが、部屋の隅の天井に四角い天窓が、申し訳程度についていた。曇りガラスの向こうから陽の光が薄く差しこみ、戸外を行き交う人の声や足音が小さく耳に届いてくる。

打ち合わせは夜からだったが、あまり長居をしたい部屋ではなかった。荷物を置くと廊下を戻って階段をあがり、駅の近くで日が暮れるまで時間を潰した。

その後、新宿で編集者と落ち合い、手頃な居酒屋で酒を酌み交わしながら打ち合わせ。池袋の怪しいホテルに再び戻ったのは、深夜を少し回る頃だった。

階段をおりると、地階の通路はさすがに電気が灯されていた。頭上で仄白い光を放つ蛍光灯の回りを小さな蛾が数頭、じぐざぐに飛び交っている。

ホテルの廊下で蛾の飛翔を見るなど、初めてのことだった。物憂い気分を抱えながら歩を進ませ、自分の部屋のドアを開ける。

電気の消えた室内には、ベッドの縁に並んで座る若い男女の姿があった。

すかさず「すみません！」と声をあげ、ばたんとドアを閉め直す。

静寂。

一瞬、呆気にとられてドアの前に棒立ちになったが、まもなく気持ちが冷静になると、そんなはずはないだろうと思った。

ドアの表に貼られたプレートには、私の部屋の番号が記されている。鍵を挿しこんでノブも回ったのだし、部屋は絶対に間違えていないはずだった。

してみれば、中にいる男女のほうが、この部屋にとって異質であるということである。状況から推し量って、生身の人間とは思えなかった。

再度ドアを開いてみたところ、ベッドからはすでに男女の姿は消えていた。中に入り、ざっと一通り見回してみても、連中の痕跡は影すら認めることができなかった。

見たのはほんの数秒だったが、歳はおそらく、二十代の半ば頃ではなかったかと思う。ふたりとも部屋に備え付けのナイトガウンを纏っていた。

厄介なことにならなければいいがと思う。軽くお祓いしておこうかとも考えたのだが、タダ働きは嫌だったし、しこたま酔ってもいたので、さっさとベッドに入りたかった。

結局、手早くシャワーを済ませると寝巻きに着替え、そのまま布団を被って横になる。のちにこの判断は、大失敗だったと思い知らされる羽目になった。

眠りに落ちてしばらく経った頃、寝ている足元で誰かの声が聞こえてきた。

声は複数。数は多分ふたり。ささめくような小声で言葉を交わし合っているようだが、何を言っているのかは分からなかった。

吐く息を潜め、薄目を開けて様子をうかがうと、先ほどの男女が足元の左右に陣取り、ベッドの両脇で頬杖を突きながら、私の脚を挟んで笑みを浮かべ合っていた。

酔いは就寝前より幾分醒めてきている。痺れが薄れ、鮮明に戻りつつある意識の中でまみえる男女の姿は、状況も含めてまともと思える要素はひとつもなかった。

首筋にぶつぶつと粟が生じ、胃の腑が冷たくなっていく。

ナイトガウンを纏(まと)った不気味な男女に気取られぬよう、四肢の指先に意識を向けると、幸いにも身体は自由に動くようだった。

タイミングを見計らい、勢い任せにがばりと上体を跳ね起こすなり、男女に向かって「貴様らッ！」と叫びつける。

とたんにふたりはこちらへ首を振り向け、はっとした表情を浮かべるや、周囲の闇に霧が吹き飛ぶような感じで姿を消した。

「はあ……」と太い息を漏らしながらベッドを抜けだし、部屋の明かりを点ける。

それから念入りに魔祓(まばら)いの呪文を唱え始めると、部屋の空気が少し軽くなったような手応えを感じた。唱え終わった頃には気分も安らぎ、再び眠りに就くことができた。

寝入りばな、脳裏を掠めていったのは、「してやったり」という達成感でもなければ、就寝前の魔祓いを怠った後悔でもなかった。

無料奉仕で部屋のお祓いをしてしまった……。

不測の事態から身を守るためだったとはいえ、こんな事故物件みたいなハズレ部屋を割り当ててくれたホテルに対して、結局はタダ働きをしたわけである。

なんとも理不尽な思いにもやもやと苛(さいな)まれながら、私は朝まで眠りに落ちた。

お化けはその後、二度と姿を現すことはなかった。

侮るなかれ

今から十年ほど前、八坂さんが中学二年生の頃にこんなことがあったのだという。

期末試験が終わり、夏休みを間近に控えた一学期の終わり頃、隣町の山中に位置する保養施設で、一泊二日の林間学校が催された。

施設の近所には寂れた墓地を擁する古寺があり、夜は「大の怖いもの好き」だという住職に招かれ、怪談話を聞かせてもらう運びとなった。

夕食を済ませた七時半過ぎ、蝋燭の火影が揺らめく薄暗い本堂で怪談話の会が始まる。

「それでは当寺で起きた、とっておきの怖〜い話を披露いたしましょう……」

年老いた住職は、いかにも勿体ぶった口ぶりで話を始めた。

だがその内容は、夕刻時に寺の鐘が勝手に鳴りだしたとか、墓地を飛び交う鴉たちが盛んに鳴いた翌日に檀家から死人が出たとか、いずれも地味で冴えないものばかり。

『リング』や『呪怨』シリーズといったJホラー、過激な恐怖演出や残酷描写が売りのホラーゲームに親しんで育った八坂さんたちにとっては、退屈極まりない与太話だった。なおも白けることに話がひとつ終わるたび、話の内容にちなんだ法話が挟まれるので、怖いどころか眠たくなって仕方がない。周囲に視線を向けると、他の生徒たちも必死であくびを噛み殺したり、渋い顔をして首を傾げている姿がそこかしこに見受けられた。

「いかがでしたかな？　みなさん、背筋も凍るひと時を楽しんでもらえただろうか？」

一時間ほどでようやく話が全て終わり、やはり勿体ぶった調子で住職が尋ねてきた。視線を向けられた生徒たちは「ええまあ……」「すごく怖かったです」などと答えたが、本音を語る者はいなかった。

「なんつーかこう、期限切れでカスッカスになった饅頭みたいな話だったっすねー」

そこへ誰かが、わざとらしく大きな声で所感を述べた。

見ると声の主は、村木（むらき）というクラスのヤンキーだった。傍らには彼の取り巻きたちもだらしのない姿勢で座り、にやにやと下卑た笑みを浮かべている。

「はあ？　言っている意味が、よく分からんのですが……」

不審そうな顔つきで、住職が村木に向かって応えた。

「要は古臭いって言ってんの。今時、そういう幼稚園の絵本みたいな話を聞かされても、本気でビビる奴なんかいないっすよ。はっきり言って、聞いててすっげーダルかった」

誰もが内心思っていたことだが、敢えて伝えるべきことでもなかった。村木が住職を小馬鹿にしているのは明白だったし、おまけに軽く挑発までしているようだった。

「おい、黙れ。無礼なことを言うんじゃない」

本堂の隅にいた担任の男性教諭が、低い声で釘を刺す。退屈だった怪談会の場は一転、ぴりぴりと張りつめた嫌な空気に包まれ始めた。

「それは大変失礼しました。拙僧としては、みなさんがあまり怖がりすぎてもいかんと、語り口を少し抑えてお話しさせていただいたつもりだったんですがな……」

「ああん？　ふかしこいてんじゃねえよ、おめえ！　萎びた亀頭みてえな頭しやがって。俺らを本気でビビらしてえんなら、もっとエグイ話を仕込んどけっつーの！」

担任の警告すらうっちゃり、なおも住職に絡む村木の様子を周囲はハラハラしながら見守っていたのだが、彼の口からふいに飛び出た「萎びた亀頭」というパワーワードに、何人かの生徒が堪らず「ぷっ！」と噴きだしてしまう。八坂さんも少し笑ってしまった。

確かに言われてみれば、頭皮の弛（たる）んだ住職の禿げ頭はそんな感じに見えなくもない。

「いやあ、ちょっと何を言っているのか、分かりませんなあ……」

「イヤー、ちょっとナニを言っているのか、ワカリマセンナー。ナニをシゴかれますと、堪らず亀頭もイっちゃいますなー」

住職の言葉に余計なひと言を加え、村木がふざけた声音でオウム返しにする。

とたんに周囲で笑い声を押し殺していた生徒たちが一斉に限界を迎え、薄暗い本堂に轟雷(ごうらい)なような爆笑が巻き起こる。八坂さんも我慢ができず、目に薄く涙を浮かべながらげらげらと大きな声で笑い始めた。

「お前ら、やめろ！　笑うんじゃない！」

担任が怒声を張りあげたが、その顔面にすらも微妙に笑みが浮かんでいるのが見えた。八坂さんはそれもツボに嵌まってしまい、笑い声はますます大きくなってしまう。

そうしてみんなで笑い合うなか、村木がさらに住職を罵倒し始めた時だった。

住職が腰をおろす背後の内陣のほうから「べきり！」と生木を裂くような音が轟いた。

反射的に視線を向けると、内陣に祀られた古寂びた仏像の首がへし折れ、棚板の上をごろごろと転がりながら落ちてくる。首は住職の真横に位置する、畳の上へと落下した。

げらげらとした笑い声が、たちまち大きな悲鳴に切り替わる。

折れた仏像の首は、電子ジャーと同じくらいのサイズがあった。首は横向きに転がり、切り傷のように細い両目で八坂さんたちを見つめている。

八坂さんたちが怯えて悲鳴をあげるのに対し、住職のほうは畳の上に転がる仏の首を一瞬、ぎょっとした顔で一瞥しただけだった。悲鳴をあげることはおろか、うろたえる素振りさえ見せることはなかった。代わりに首へ向かって深々と頭を垂れて瞑目すると、住職は無言のままに手を合わせ始めた。

そこへ本堂の外から「ガア、ガア！」と、濁った声が弾けるように木霊し始める。

鴉の声だった。

それもたくさんの鴉たちが一斉にがなり立てる、凄まじく大きな鳴き声である。

鴉たちは、本堂の屋根や庭木の枝に留まって鳴き叫んでいるとおぼしい。

耳に触れるだけで総身が恐怖でわななくほど、常軌を逸した鳴き声だった。

みんなで怯えながら竦みあがっていると、一分ほどで住職が瞑目していた目蓋を開き、静かに面をあげた。とたんに鴉たちの絶叫が収まり始め、代わりに戸外からばさばさと重々しい羽音が聞こえてきた。

無数の羽音はいずれも、本堂の周囲から遠くへ向かって離れていく。

「そろそろお引き取りをいただけますかな？」

羽音がすっかり聞こえなくなったのを見計らうようにして、住職が小さくつぶやいた。

誰もが半ば放心状態で、今しがた起こった異様な事態について尋ねる者はいなかった。

まもなく担任が「失礼しよう」と声をあげると、みんなで本堂をあとにした。

戸外の闇に向かって目を凝らしてみたが、鴉とおぼしき姿は一羽たりとも見当たらず、気配すらも感じられない。夜の境内（けいだい）は、水を打ったように静まり返っていた。

翌年、林間学校に行った後輩たちに尋ねると、寺での怪談会は催されなかったという。翌年以降も八坂さんの通っていた中学校の林間学校では、住職による寺での怪談語りは二度とおこなわれなくなってしまったそうである。

ぶれぶれ首

近畿地方の某県で公務員をしている柵木さんから、メールで教えてもらった話である。

彼が大学時代のことだという。

真夏の深夜に地元の友人たちと四人で、近所の廃屋へ肝試しに出掛けることになった。

周囲に田畑が広がる集落の片隅にぽつんと立つ、木造平屋の古びた一軒家である。

特にこれといって曰く因縁のある家ではないのだけれど、柵木さんが暮らす地元では、昔から「幽霊が出る」という噂だけがなんとなく囁かれている家だった。

そうした場所ゆえ、車で現地へ向かい、懐中電灯の光を頼りに内部を探索してみても、些細な怪異のひとつも起こることはなかった。

唯一、少しだけ不気味だったのは、居間の座卓に置かれていた人形である。

ジュース缶ほどの背丈をした猿の首振り人形で、座卓の上に体育座りをしていた。

同行していた友人が面白がって鼻先を押すと、猿はぶるぶると頻りに首を振り始める。すぐに動きが止まると思っていたのだが、猿の頭はいつまで経っても小刻みに揺れ続け、止まる気配を見せなかった。そのうち気味が悪くなり、猿を放って家を出てきた。

その後は柵木さんの自宅に戻り、みんなで酒盛りをすることになる。

乾杯をしてまもなくすると、先ほど猿の鼻先を押した友人が、左右に首を振り始めた。「何やってんだ?」と尋ねても、友人からの返事はない。

満面に奇妙な笑みを浮かべつつ、いやいやをするように首を左右に振るばかりである。他の友人たちも異変に気づいて様子を見始めたが、首の動きは収まるどころか瞬く間に速くなり、顔の表情さえも分からなくなるほど左右に激しくぶれ始めた。

このままでは首が千切れるのではないかと思って焦り、みんなで身体を組み伏せるも、友人は物凄い力で暴れだし、乱れる首の速度はますます加速していった。

ようやく動きが収まったのは、それから五分近く経った頃のことである。

友人は「動きが収まった」というよりは、ぐったりとした様子で四肢を床に投げだし、口から泡を噴いてぴくりとも動かなくなってしまった。

慌てて救急車を呼び、みんなで病院へ付き添うことになる。

不幸中の幸いにも搬送先の病院へ着く頃には、友人の意識は元に戻った。診察の結果、脳震盪（のうしんとう）を起こした疑いが強いとのことだった。

あれだけ首を振ったのだから当然だろうと柵木さんたちは思ったのだが、当の友人は、自分がしたことについてまったく覚えていないという。

代わりに我を失い、正気を取り戻すまでの間、頭の中ではまるで夢を見るかのごとく、暗闇の中で一心不乱に首を振る、猿の人形の映像が反復され続けていたそうである。

その後、件の廃屋には二度と近づかないようにしている。

ゆえに得体の知れない猿の首振り人形が、今でも家の中にあるのかどうかについても分からないとのことである。

我が首

土建業の芦屋（あしや）さんが、こんなことがあったと聞かせてくれた話。

数年前の夕暮れ時、仕事を終えて車で家路をたどるさなかのことだった。

通い慣れた町外れの県道を走っていると、車の前方を何かがふわりと横切っていった。

反射的に目で追ったところ、それは自分の生首だった。

首は路面から一メートルほどの宙に浮き、横向きにくるくると緩やかに回転しながら、路傍に向かって飛んでいく。

軌道の先には、道路に面して玄関口を構える古びた民家があった。芦屋さんの生首は、玄関口に達するとガラス張りの引き戸を霧のようにすり抜け、家の中へと消えていった。

明くる朝、出勤中に再び民家の前へ差し掛かると、家の前に大きな花輪が並んでいた。

家の誰かが亡くなったのだが、首との関連性については不明のままであるという。

城の首

そろそろ四十路（よそじ）を迎える守本（もりもと）さんは、城や城跡といった場所に足が向かない人である。

行くと生首が見えるからだという。

敷地の中を歩いていると俄かに不穏な視線を感じ始める。恐る恐る振り向いた先には決まって険しい形相を浮かべた生首があって、こちらを黙って見つめている。

場所は城の窓辺や屋根の縁、石垣の上など様々である。

時には笑い声をあげながら、宙を飛んでいることもあった。

首はいずれも髷を結っていたり、兜を被ったりしている。

だからおそらく、昔の武士か何かなのだろうという。

しかし、どうしてそんなものが自分の目に見えるのかについては分からない。

初めて見たのは小学生の頃、遠足で地元の城跡を訪ねた時のことだった。

その時、首は石垣の上から睨みつけていたのだけれど、それが見えたのは自分だけで、他の同級生たちには見えなかった。恐怖で取り乱す守本さんを彼らは笑いのめした。

家族旅行や中学、高校時代の修学旅行などでも首は見えたが、結果は全て同じだった。見えるのはあくまでも自分だけ。首は他の同行者には決して見えることがなかった。

こうした経緯もあって、すっかり恐れをなしてしまった守本さんは、歳を取るにつれ、城や城跡がある場所には決して近づかなくなってしまった。

それでも五年ほど前に一度だけ、勤め先の上司に無理やり誘われ、隣県にある城跡へ連れていかれたことがある。

首は城壁の上にある角隅から、恨めしい眼差しで守本さんを見おろしていたという。

以来、二度と城には足を向けないと心に固く誓ったそうである。

消失とすげ替え

　こちらも首にまつわる話である。

　内垣(うちがき)さんという三十代の男性が大学時代、休日に出掛けた遊園地で友人ふたりと並び、一枚の写真を撮影した。その写真の写り具合が、どう見ても普通ではないのだという。

　写真は縦向きの構図で、内垣さんがまんなかに陣取り、両脇に友人たちが並んでいる。撮影は遊園地に同行した、他の友人がおこなった。

　写真の左側に写る友人は首から上が消え失せ、本来ならば頭が写っているべき場所ががら空きになって、背後の風景が写りこんでいる。

　多分に気味の悪い画ではあるが、写真に撮影された人体の一部が消失してしまうのは、露光時間の問題など、技術的な理由で説明がつけられることもある。

　写真が焼きあがった当時、内垣さんは単なる撮影ミスと思ったのだという。

けれどもこの写真にはもう一点、どうしても説明のつかない不可解な問題があった。写真のまんなかに陣取る内垣さんと、右側に立つ友人の衣服が逆転しているのである。厳密に言うなら衣服だけではなく、首から下のふたりの身体が丸ごと入れ替わっている。

内垣さんと友人の体格は、本来まったく違うものである。

内垣さんが細身で背が高いのに対し、友人は小太りの寸胴体型。背丈も内垣さんより十センチほど低く、横に並ぶと内垣さんの目線辺りに友人の頭頂部が来る。

だが、写真に写るふたりは身長も逆転し、友人の目線辺りに内垣さんの頭頂部がある。骨ばった細長い顔をしている内垣さんの身体は、不自然にずんぐりとしているのに対し、肉厚で丸い顔立ちをした友人の身体も、やはり細長く伸びて骨ばっている。

首から上が写らなかった友人とは違い、こちらのほうはどれだけ理屈を調べてみてもとうとう原因が分からなかった。

写真は今でも手元にあるのだけれど、誰かに見せると決まって「合成でしょう?」と疑われてしまう。決してそうではないのだが、疑念を晴らすような説明もできないため、もやもやするしかないとのことである。

のっぺらぼうたち

会社員の船尾(ふなお)さんは、仙台市内のマンションに妻とふたりで暮らしている。

四年ほど前のことだという。

ある朝、出勤するため、五階にある自宅を出てマンションのエントランスを抜けた時、妻が作ってくれた弁当を部屋に置き忘れてきたことに気づく。

そこへ頭上から「ねえ、待って！」と声をかけられた。見あげた先には、五階にある自宅のベランダから手を振る妻の姿があった。もう一方の手には弁当包みを持っている。

「ごめん、忘れた！　下まで持ってきてくれる？」

「分かった！　今おりていくから、そこにいて！」

船尾さんの願いに応え、妻がベランダの鉄柵から踵を返す。

部屋の中に妙なものがいるのに気がついたのは、その時だった。

ベランダから室内に通じる掃き出し窓の向こう側に、真っ白い顔をした人物がふたり、横に並んで突っ立っている。

顔といっても目鼻口はなく、髪も生えていなかった。白玉団子のようにつるんとした楕円形の面を外のほうに向け、ふたりは微動だにせず窓辺に屹立している。

妻が気づいた様子はなかった。何気ない素振りで窓を開けるとふたりの真横を通って、玄関口のほうへと向かっていく。妻の背中が見えなくなると、窓辺に並び立つ顔のないふたりものろのろと踵を返し、部屋の奥へと消えていった。

仔細まではよく見えなかったものの、なんとなく片方が男で、もう一方は女のような印象を受けた。あんなものなど、これまで一度も見たことがなかった。

呆然とした心地でその場に立ち尽くしていると、まもなく妻がやって来た。

「何か変わったことはなかった?」と尋ねてみたが、怪訝な顔で「別に?」と返される。事情を説明すると露骨に怯えた色を浮かべ、「やめてよ、もう!」と怒られてしまった。だからそれ以上は、余計なことを言うのをやめた。

今のところ、得体の知れないのっぺらぼうたちを再び見かけることはないのだけれど、この日の一件以来、なんとなく外から自宅を見あげるのが怖くなってしまったという。

首折り男

「拝み屋備忘録」シリーズの二作目『怪談首なし御殿』は当初、表題作で連作でもある「首なし御殿」の話を骨子として、首にまつわる怪談を随所に配置していく予定だった。

けれども先に「首なし御殿」の話を書きあげると、想定していたよりも頁数が嵩(かさ)んで、かなりのボリュームになってしまう。これだけで悠に七十ページを超えていた。

この頃には首以外に関する怪談もかなりの数を書き終えており、仕上がりもまずまず。これらの収録を見送り、首にまつわる怪談を多めに入れようかと思いもしたのだけれど、全体の雰囲気を鑑みるとあまりしっくりこなかった。あれこれ悩んでいるうちに締切も迫ってきたため結局、首にまつわる話は最小限に留める形で『首なし御殿』は完成する。

前章までに続けて紹介してきた「ぶれぶれ首」から「のっぺらぼうたち」の全五話は、いずれも『首なし御殿』の作中に組み込むことができなかった話である。

首にまつわる話といえば、私の実体験の中にもひとつある。

これも当初は『首なし御殿』に収録しようと考えていたのだが、やはり頁数の関係で収録を見送った。ようやく紹介することができた不遇な「首怪談」のトリを務める形で、ここに改めて紹介させていただくことにする。


私が小学四年生の時である。一学年下の児童に、幸次という名の男子がいた。

家は学校から離れた距離にあるので遊びに行ったことはなかったが、放課後に校庭で遊んだり、下校路の方角が同じだったので、途中まで一緒に帰ったりすることはあった。

私が小学生だった八十年代は、空前のホラー映画ブームだった時代である。

映画館では、外国人の首や四肢が血飛沫をあげて吹っ飛ぶ新作が毎月のように掛かり、テレビでも映画の残酷シーンをまとめた特番や『13日の金曜日』に『エルム街の悪夢』、『バタリアン』といった作品が当たり前のように放送されていた。

私も好きなクチだったし、両親もこうした映画には寛大な見方をしていたこともあり、幼い頃からホラー映画に慣れ親しんで育った。

幸次もホラー映画のファンだったので、彼と交わす話題もそうしたものが多かった。

幸次は想像力が豊かな少年で、ある時から自分の頭の中でこさえたホラー映画の話を私に聞かせてくれるようになった。

タイトルは『首折り男』という。作業服姿の大男が、必殺シリーズで山崎努が演じた念仏の鉄よろしく、素手で犠牲者の首をへし折っていくという話である。

首折り男のキャラクター像を含め、筋書きも他愛がないのだけれど、幸次の語り口は臨場感に溢れていて滅法面白く、当時のホラー映画を盛んにリスペクトした残酷描写や外連味溢れる話の展開などが私を魅了した。

頼むと幸次は喜々として話を聞かせてくれるので、何度もねだって語ってもらった。

「『首折り男』の2は出ないのか?」と尋ねると、幸次は含みを帯びた薄笑いを浮かべ、「パート2はもうすぐ完成するらしい」と宣ってみせる。

後日、幸次は本当に『首折り男パート2』の話を頭の中で作りあげ、放課後の校庭で私に語り聞かせてくれた。前作で死んだはずの首折り男が病院の霊安室で息を吹き返し、医者や看護師たちの首を次々とへし折っていくという筋書きだった。

これも大層面白かったので、「パート3は出ないのか?」と尋ねた私に、幸次は再び薄笑いを浮かべ「実はパート3もすでに製作されているらしい」と答えた。

結局『首折り男』は、パート6まで製作された。

パート3では墓から蘇り、パート4では長らく何処かに姿を晦ましていた首折り男が、山中のペンションに泊まっていた学生たちに襲い掛かる。

パート5の舞台は大型客船。海から船に侵入した首折り男が、乗客たちを襲っていく。

そしてラストのパート6では、とうとう全身をバラバラに切り刻まれて完全に息絶えた首折り男が、今度は霊となって犠牲者たちの夢に現れるようになる……というところで物語は一応の終焉を迎えた。

『ハロウィン』を基盤にして『13日の金曜日PART8／ジェイソンN.Y.へ』や『死霊のはらわた』『エルム街の悪夢』など、数々のホラー映画から胸躍る状況設定や雰囲気をふんだんに踏襲した、やはりすこぶる面白い架空ホラー映画だった。

できればパート7の話も聞かせてほしいと思ったのだけれど、この頃には当の幸次が飽きてしまい、「監督が死んだからもう新作は作られない」と言われてしまった。

「監督なんか他にいくらでもいるだろう」と食い下がっても「終わったんだ」と返され、結局、幸次の口からパート7の話が出ることはなかった。

この辺を境に、私も幸次とはあまり遊ばなくなってしまったと記憶している。

それから二十年以上の月日が流れ、私が三十代になった頃である。

仕事で都内へ出掛けた折、相談客の若い男性からこんな話を打ち明けられた。

ここ最近、得体の知れない男に首を折られて殺される夢に悩まされているのだという。

単なる夢だと割り切っても、繰り返し何度も見てしまうので気味が悪いし、第一怖い。

どうにかならないでしょうか、とのことだった。

男の特徴を尋ねたところ、継ぎはぎだらけの作業服を着た大男だという。

作業服は血にまみれ、継ぎはぎは四肢や首、胴体のまんなかなどに沿って走っている。

様子を見るにおそらく一度、身体を衣服ごとバラバラにされたのではないかという。

それが再び衣服ごと繋ぎ直され、男は血まみれの異様な姿となって襲い掛かってくる。

どうにもそんな印象を強く受けると、彼は語った。

まるで幸次がパート6の最後で話していた、物語の続きを聞かされているようだった。

身体をバラバラにされて殺された首折り男はその後、夢の中で人を襲うようになる……。

それとなく彼の出身地などを聞きだしてみたが、私が暮らす宮城にはなんの縁もなく、
幸次との接点もなさそうだった。ありえない偶然に胃の腑がすっと冷たくなる。

その場で魔祓いの儀式を執り行い、悪夢除けの御守りなどを作って差しあげたところ、幸いにも彼は以後、悪夢にうなされることはなくなったそうである。

ただ、こちらとしてはわけが分からず、しばらくもやもやさせられることになった。

斯様なオチなのだが、「拝み屋備忘録」シリーズの五作目『怪談火だるま乙女』では、これと似たような手触りの話が表題作となっている。

小学生が空想ででっちあげた怪談話が後年になって現実と化し、周囲で様々な怪異と惨禍を引き起こすという中篇である。

同作を執筆する段に至り、当初は「首折り男」の話も入れようかと考えていたのだが、執筆を進めるさなかに全体の流れを俯瞰してみたところ、敢えて無理に捻じこむ必要はなかろうと思い直し、こちらでも収録を見送った次第である。

今回は三度目の正直ということで、とうとう陽の目を見させてやることができた。

脱法こっくりさん

そろそろ五十代の半ばを迎える智佐子（ちさこ）さんから、こんな話を聞かせてもらった。

彼女が小学生だった時分、昭和四十年代の終わり頃に体験したことだという。

当時、子供たちの間では全国的にこっくりさんがブームになっていた。

言わずもがな、十円玉と紙きれを用いて手軽にできる、降霊霊の一種である。

主には学校の休み時間や放課後に友人たちと教室の机を囲み、白い紙に五十音などを書き記した手製の盤を用いて興じるのが主流だった。

自己暗示にかかってパニックを来たすなど、心に良からぬ影響を及ぼすということで、学校からは「絶対にやるな！」と釘を刺されていたのだけれど、教員たちの目を盗んで興じる子たちは多かった。さらには「こっくりさん」の呼称を「キューピットさん」や「エンジェルさま」などと変え、教員たちの監視を欺く（あざむく）子たちもいた。

智佐子さんもそうした「脱法こっくりさん」を楽しむのが定番だった。

彼女がこっくりさんの代わりに称したのは「飴っこジイさん」という名であった。

「飴っこジイさん」というのは、学校の近所で独り暮らしをしているお爺さんの愛称で、彼は下校時間になると大抵、自宅の門前で掃き掃除や草むしりなどをしている。

子供たちが家の前を通りかかると、彼は時折、気まぐれに飴玉をくれることがあった。ゆえに飴っこジイさんと呼ばれている。

「キューピットさん」や「エンジェルさま」に比べると、神秘性はまったくないのだが、こっくりさんを偽装するにはむしろ、最適な名前と思って拝借することにした。


「飴っこジイさん」の名を借りた降霊術を始めて、しばらく経った頃である。

その日も夕暮れ時に三人の友人たちと教室の机を囲んで「飴っこジイさん」に興じた。

「飴っこジイさん、飴っこジイさん、来られましたら鳥居のほうにお向かいください」

十円玉にのせた指に向かって声をかけると、やおら十円玉は白い紙の盤面を滑りだし、鳥居のマークが書かれた位置へ移動した。飴っこジイさんは優秀で、軽く念じるだけでこうして滑らかに動きだしてくれるのだった。

いつものごとく頭にぱっと思いつくまま、飴っこジイさんに種々雑多な質問をぶつけ、友人たちと黄色い声をあげてはしゃぎ合う。

三十分ほど遊ぶと飽きてきたので、「そろそろお帰りください」と声をかけた。

ところが十円玉はふいに動きを止めてしまい、うんともすんとも言わなくなる。

もう一度お願いしても反応はなかった。少し不安になってしまい、怖じ怖じしながら「どうしたら帰ってくれますか？」と尋ねてみる。

すると十円玉がゆるゆると動きだした。

そ　ろ　そ　ろ　お　れ　い

いつも感謝の言葉を述べて帰ってもらっていたのだけれど、供え物をしたことなどは一切なかった。正統なこっくりさんの作法でもそのようなことはしないはずである。

怪訝(けげん)に思い、今度は「何が欲しいんですか？」と声をかけた。

十円玉はつかのま、紙の上に止まっていたのだが、まもなくゆっくりと動き始めるや、とんでもない答えを返してきた。

　み せ ろ あ そ こ み せ て な め さ せ ろ

　一同「はあっ？」と大きな声をあげ、顔色を赤らめながらどよめき始める。

文言はたどたどしくても、意味は十分過ぎるほど伝わってきた。なんという破廉恥な
要求をしてくるのだろうと思う。とても呑みこめるものではなかった。

「イヤです！　お礼は違うのにしてください！」

友人たちと声を揃えて答えると、再び十円玉が動きだした。

　し た ぎ ぬ い で よ こ せ む ね と し り も み せ ろ

　ハードルは上がったのか下がったのかよく分からなかったが、要求される数は増えた。

これにもすかさず「無理です！」と叫び返す。

再び十円玉の動きが止まった。「聞いてますか？」と尋ねても返答はない。

「なんなのよ……」とどきどきしながら、盤面を見つめ続けていた時だった。

突然、四角い紙切れの中から皺くちゃになった男の顔が飛びだし、智佐子さんたちが指先をのせていた十円玉を頭上に向かって跳ねあげた。

「きゃあっ！」と金切り声をあげながら見た男の顔は、飴っこジイさんのそれである。

盤面から仰向けになった顔を突きだした飴っこジイさんは、智佐子さんたちが悲鳴をあげ続けるさなか、とぷりと水中に没するように盤面の中へ消えていった。


智佐子さんたちの脱法こっくりさんは、この日をもって卒業となった。

最後に起きた一件以来、あとは周りで怪しいことが起こることもなかったのだけれど、以後は下校中に飴っこジイさんの姿を見るのが、すっかり怖くなってしまった。

降霊中に現れたあの顔は、本物の飴っこジイさんだったのかと思う。

仮にそうなら、彼は小さい女の子たちにああした情欲を抱いているのかもしれない。

そんなことを考えてしまうと気持ちも悪くなってしまい、関わりたくもなくなった。

果たして真偽のほどは定かでないというものの、智佐子さんと友人らが盤面の中から飛びだす飴っこジイさんの顔を見たことだけは、紛れもない事実だそうである、

針の目

クリスマスの夜、都亜(とあ)さんが彼氏と市街のラブホテルに泊まった時のこと。
寝る前に洗顔をするため、バスルームに行った。
洗面台の前に貼られた鏡を見ると、自分の顔はなんだか暗く沈んでいるように見えた。
そんなわけないじゃん……と思い、鏡面に向かって目を凝らす。
すると鏡に映る自分の黒目が、針を立てたようにきゅっと細くなった。
続いて唇がべらりと捲れあがり、歯を剥きだしにした笑みを浮かべて見せる。
悲鳴をあげてバスルームを飛びだすと、一夜を明かすことなく帰宅したという。

チヨちゃん

未来流（みくる）さんは、都内で風俗嬢の仕事をしている。

ある日の晩、新規の客から指名が入り、彼女は指定されたラブホテルへ向かった。

部屋のドアをノックして中から出てきたのは、五十代半ばとおぼしき背の低い男。

百五十センチくらいだろうか？　未来流さんの背丈より、頭ひとつ分ほど小柄である。

軽く挨拶を交わし、さっそくシャワーを浴びてサービスを始めた。

男は三時間も予約を取ってくれたのだが、サービスは三十分足らずで終わってしまう。

その後はふたりでベッドに寝そべり、おしゃべりに付き合った。

男は初めのうち、最近あったニュースや天気についてなど、当たり障（さわ）りのないことを話していたのだけれど、ふと気がつくと話題はいつのまにか怖い話に切り替わっていた。

訊けば男は、昔から大の心霊マニアなのだという。

「こういう話、好き?」

にやけ面を浮かべた男に尋ねられた未来流さんは「うん、好き」と答えた。

本当は特に興味はなかったし、幽霊や霊現象のたぐいを殊更(ことさら)信じているわけでもない。

だが、適当に話を聞いているだけで残りの時間を消化できるなら、楽なものだと踏んだ。

時折「怖い、怖い」と演技を交えた相槌を打ちながら、怪談話に付き合った。

一時間ほどして、何気なく視線を空に泳がせた時である。

部屋の隅に小さな女の子が立っているのが見えた。

五十センチほどの背丈で、濃い藍色に染まる和服を着ている。髪は肩口で切り揃えたおかっぱ頭。顔色は真っ白で、まるで日本人形のような姿である。

というより、ほとんど日本人形のそれだった。純白の面貌に並ぶふたつの丸い目玉は白目がなく、艶みを帯びた黒一色に染まっている。まるで碁石のような目玉である。

動く日本人形のごとき女の子は未来流さんと目が合うと、衣擦れの音を鳴らしながらベッドのほうへ近づいてきた。

「この娘、何?」と尋ねると、男は「ああ、チヨちゃんか」と答えた。

チヨちゃんも怖い話が大好きなので、遊びに来てしまったのだろうという。

チヨちゃんはふたりが寝そべる枕元まで来るとベッドの端に身を屈め、両手で頬杖を突きながら、男が得意げに語る怪談話を聞き始めた。

時間はあっというまに過ぎ、気づくと約束の三時間を迎える頃になっていた。

「シャワー浴びよっか？」と男を促して洗体を済ませると、未来流さんは身支度を整え、ホテルの部屋をあとにした。帰りしな、部屋の戸口で未来流さんを見送る男の傍らにはチヨちゃんも一緒に並び、未来流さんに無言で「バイバイ」と手を振っていた。

恐れが思いだしたかのように胸から沁み出てきたのは、歩いて店へ戻るさなかだった。

何、あの人形みたいな女の子……。

あんな娘がいつ部屋に入ってきたのか覚えがなかったし、元から室内にいたようにも思えなかった。そもそも生身の人間などとも思えない。

碁石のように真っ黒な目玉も異様だったが、身の丈もおかしい。五十センチといえば、赤ん坊と同じくらいの背丈だが、あの娘の体形はずんぐりとした赤ん坊のそれではなく、四肢の均整がすらりと整った少女のごとき細い身体つきをしていた。

絶対、生身の娘じゃない。なのにわたし、どうして変だと思わなかったんだろう……。

強い恐怖と一緒に激しい動揺も来たし始めたが、道理も原因も分からなかった。

その後、件の男からまたぞろ指名が入ったらどうしようと、密かに怯えているのだが、この夜の一件以来、今のところは再び声が掛かることはないという。

そろそろ二年が経つそうである。

話を終えた未来流さんに「チヨちゃんって何者だったんですかね？」と尋ねられたが、私もそうした異形に関する心当たりはなかった。

ふたつがひとつに

こちらは未来流さんの話を聞かされてから数年後、浦安に住む山浦(やまうち)さんという方から聞かせていただいた話である。

山浦さんは街場で妻とふたり、小さな定食屋を営んでいる。

ある日のこと。昼の書き入れ時が終わり、そろそろ午後の三時を向かえようとする頃、ふたり連れの男女が店にやって来た。

男は四十代の半ばほど。手足がすらりと長い細身の体形で、服装はタートルネックの黒いセーター。頭には赤いベレー帽を被っている。

女のほうは二十代の前半くらい。こちらは緑がかったデニムのジャケットに白シャツ、黒いスカートという装いだった。髪は栗色に染められ、肩口までまっすぐに伸びている。

妻が「いらっしゃい」と声をかけると、ふたりは店の奥側に面した席に着いた。

四人掛けのテーブル席だったのだが、ふたりは互いに向かい合って座るのではなく、テーブルの片側に並んだ椅子に腰をおろして横向きに並び合った。

来店した時は親子かと思っていたが、その様子を見て違いそうだと思い直す。

ふたりは半身を寄せ合い、互いの顔を近づけあって、楽しげな笑みを浮かべていた。

妻が水を運んでいってまもなく、オーダーが入る。厨房に戻ってきた妻が怪訝そうな顔色を浮かべ、「ラーメンひとつとスプライトふたつですって」と言った。

どちらがラーメンを食べるのかはいざ知らず、せめて料理はふたり分頼んでくれよと、山浦さんも思う。この時、客は男女の他に誰もいなかった。

スプライトはすぐに妻が運んでいった。ふたりは氷の入ったグラスにストローを挿し、さっそく口を付け始める。

山浦さんがラーメンを作っていると、新たに工員風の若い男性客がふたりやって来た。続いてスーツ姿の中年男性も来店する。

新たに入店した客たちから妻がオーダーを聞き終える頃には、ラーメンができていた。妻がラーメンの給仕に向かうのと入れ替わるようにして新しい料理を作り始める。

そのさなか、男女のほうへ目を向けると、ラーメンを食べ始めたのは男のほうだった。

「追加のオーダーはないんですって」
給仕を終えて戻ってきた妻が苦笑を浮かべ、山浦さんに耳打ちする。
黙々と料理を作り、妻が給仕に勤しむなか、再び何気なく男女のほうへ視線を向けた。
男は笑みを浮かべてラーメンを啜っている。
隣に座る女も男に半身をぴたりと摺り寄せ、やはり笑みを浮かべているのが見える。
だがよく見ると女の眼窩は空っぽで、顔には目玉の代わりに黒い穴が覗いていた。
一瞬、錯覚かと思ったが、やはり間違いなく女の顔には目玉がない。
そこへ妻が戻ってきた。「おい」と顎の先で女のほうを示すと、妻もぎょっとなって
「嘘でしょ……」とつぶやいた。
と、その時だった。ラーメンを啜っていた男がこちらにすっと視線を向けた。
顔には貼りついたような薄ら笑いが浮かんでいる。
男は山浦さんを一瞥すると再びラーメン丼に視線を落とし、ずるずると音を立てつつ
麺を啜りあげた。同時に隣の女が、男の半身に身体を擦りつけるかのようにもぞもぞと
上体をくねらせ始める。まるで大きな芋虫のような動きだった。
何をしているのかと思った次の瞬間、山浦さんは真っ青になって息を呑む。

もぞもぞと頻りに蠢く女の身体が、やおら男の半身へ溶けるように喰いこんでいった。こちらも目の錯覚などではない。目のない女は、小柄な体躯をずぶずぶと男の半身へ捻じりこませ、あっというまに身体の前半分が男の半身に隠れて見えなくなった。

その間、男は平然とした素振りでラーメンを食べていた。女のほうはあっというまに男の半身へ全身を埋ずめて消え去り、テーブルには男の姿だけが残った。

妻のほうに視線を向けると、妻も両目を大きく瞠って男のほうを見ていた。

一方、他の客たちは異変に気づくことなく、平然とした様子で食事を楽しんでいる。

「なんだよあれ……」「なんなのあれ……」と夫婦で声を潜めて囁き合っているうちに男がラーメンを食べ終え、席を立った。そのままレジのほうへ向かっていく。

妻が顔じゅうを歪ませながら会計に応じるも、女について尋ねることはしなかった。男も自ら話題にだすことはなく、会計を済ませると平然とした様子で店を出ていった。

その後、妻がテーブルの片づけをして厨房に戻って来る。食器をのせたお盆を持って山浦さんを見る妻の顔色は、先ほどとは別種の色みを帯びて強張っていた。

「ちょっと、これ見て……」

震える声で言いながら、空っぽになったスプライトのグラスを指し示す。

グラスの中はふたつとも、氷もひとつ残らずなくなっていた。底のほうを見てみると、仄白く曇った線で大きな目玉の模様が浮かびあがっている。

目玉の模様は、どちらのグラスの底にも浮かんでいた。手に取って検めてみたのだが、どんな手段を用いてこんな模様を拵えたのか分からなかった。

目玉を描く曇った線はグラスの底の表面でもなく、引っ繰り返した底側からでもなく、ガラスの内部から滲むように浮き出ているようだった。

あのふたりは一体何者だったのだろうと首を捻れど、答えが浮かんでくることはなく、その後はふたりが店に訪ねて来ることもないそうである。


こんな話を聞かせていただいたのだが、山浦さんの店にやって来た、赤いベレー帽にタートルネックの黒いセーターを着た男について、私は思い当たる節があった。

私のデビュー作に当たる『拝み屋怪談　怪談始末』という本の中に「手品師」という一篇が収録されている。それはこんな話である。

やはり夫婦で営む飲食店にある日、赤いベレー帽にタートルネックの黒いセーターを着た男がやって来る。四十絡みで背が高く、ほっそりとした体形の男だった。

来店からまもなく、彼は味噌ラーメンを注文すると、手持ちの鞄の中からおもむろにインスタントラーメンの容器を取りだす。夫婦が訝しく見ている眼前でその容器を使い、常識では説明のつかない奇妙な事象を起こして見せるという話である。

「手品師」の舞台になった店は宮城の片田舎にあるのだが、外見の特徴が一致するので、もしかしたら山浦さんの店に来た男と同一人物である可能性がある。

私もじかに顔を見たことはないので確証はないし、彼の素性に関しても不明なのだが、もしかしたら今後も誰かの口から目撃談を聞かせてもらう機会があるかもしれない。

心当たりのある読者諸氏がいたら、ご一報をいただけると幸いである。

些細な差異

石墨(いしずみ)さんという、福島県の田舎町で土木関係の仕事をしている男性の体験である。

東日本大震災の前にあったことだから、もうかれこれ十年以上前の話になるという。

真夏の週末、石墨さんは当時付き合っていた彼女と隣県の栃木へドライブに出掛けた。

午前の早いうちに出発したのだが、目当てのレジャー施設や観光名所を巡っていると時間はあっというまに過ぎてゆき、気づいた頃には日が暮れていた。

さらには夕飯を食べるために入ったファミレスで、彼女とついつい長話をしてしまい、店を出たのは午後十時近くのことだった。翌日も休みだったし、近場で適当なホテルを見つけて一泊しようということになる。

ところが週末の影響で、ホテルは軒並み満室だった。あちこち探し回っているうちに車は街場を遠く離れ、いつのまにか郊外に聳える山の中に入ってしまう。

時刻はそろそろ深夜を過ぎる頃になっていた。

ホテルが見つからないなら仕方がない。「やっぱり帰ろうか？」などとぼやきながら山道を走っていたところ、前方に「ホテル」と記されたポール看板が見えてきた。

これ幸いと思い、看板の奥に広がる敷地の中へ車を滑りこませる。

だが、すぐに糠喜びだったことに気づいて消沈した。

狭い敷地に立つ二階建てのホテルは、窓の向こうがひとつ残らず真っ暗になっている。駐車場にも車は一台も見当たらず、辺りに人の気配も感じられない。

薄汚れた外壁の様子から察しても、廃業したホテルであることは明白だった。

「なんだよ……」と肩を落として溜め息をついたのだが、俄かにせっかくだからという気持ちも湧きたち、「中を探検してみないか？」と彼女に尋ねた。

彼女は「やだよ！」と答えたが、「いいから行こうぜ！」と半ば強引に車から降ろし、懐中電灯を携え、建物に向かって近づいていく。

エントランスの扉は施錠されていなかった。容易く中へ入ることができる。

フロントの雰囲気から察するに元はラブホテルだったとおぼしい。受付カウンターや床に積もる埃の具合などから見て、だいぶ以前に廃業しているようだった。

始めに一階をざっと見て回り、その後は階段をあがって二階を一通り探索した。

廊下に並ぶ客室はそれなりに薄汚れていたものの、大して荒らされた形跡は見られず、中には敷布と掛布が敷かれっぱなしになったベッドもあった。二階の部屋を回るさなか、彼女に冗談めかして「ここでしない？」と言ってみたが、当然ながら拒否される。

勇み足で踏みこんでみたものの、取り立てて面白いものが見つかることはなかった。内部を一回りすればもう十分だと思う。彼女に「帰ろう」と促し、ホテルを出た。

車で再び山道を走りだしてまもなくした頃、彼女の様子がおかしいことに気がついた。助手席で顔を俯かせ、お通夜のように静まっている。

「そんなに怖かった？」と尋ねると、「ううん」という曖昧な声が返ってきた。

「具合悪いの？」と尋ねても、やはり「ううん」と気のない声が返ってくる。

具合よりも機嫌を悪くしてしまったのかと思い、ハンドルを握りながら彼女のほうへ視線をちらつかせてみる。

そこで妙なことに気がついた。彼女の膝の上に添えられている手の指先である。

この日、彼女は指の爪に薄いピンクのマニキュアを塗っていた。

ところが今、隣に座っている彼女の爪は真っ黒に染まっている。

一目するなり、ふいに背筋がぞわりと粟立った。言いようのない不安に駆られ始める。

「お前、誰……？」

考えるともなく口から勝手にこぼれた言葉が車内に響くと、隣で項垂れる彼女の肩がぴくりと小さく跳ねた。次の瞬間、頭がばっと起きあがり、石墨さんへ面を向ける。

「きゃっはっはっはっはっはっ！　きゃっはっはっはっはっはっはっはっ！」

甲高い笑い声をあげながら石墨さんを見つめる彼女の面貌は、造りこそ同じだったが、目の焦点が合わず、満面に壊れたような色が浮かんでいた。

凄まじい悲鳴をあげ、車を路肩に停める。すると彼女はドアを開けて車外に飛びだし、けたたましい笑い声を響かせながら、樹々の中へと走り去っていった。

あとを追う気にはなれず、代わりに彼女の携帯電話へ連絡を入れる。

呼び出し音は鳴るのだが、何度コールしても彼女が通話に応じることはなかった。

もしかしたら……と思い、今度はハンドルを切り返してホテルへ車を走らせる。

懐中電灯を携えながら玄関口をくぐり、彼女の名前を大声で叫ぶ。だが、返事はない。

ためしにもう一度、彼女の番号をコールすると、暗闇に押し包まれた内部のどこからか、幽かに呼び出し音が聞こえてきた。

耳を欹てながら歩を進めていくにしたがい、音は二階から聞こえてくることに気づく。急いで階段を駆けあがり、音に向かって走っていく。

呼び出し音は、廊下のまんなか辺りに面した客室の中で鳴っていた。ドアを開けると敷布の敷かれたベッドの上で彼女が仰向けになっているのが見えた。

傍らには、呼び出し音を鳴らし続ける携帯電話もある。彼女は両目を閉じていた。

「おい、大丈夫か！」

肩を揺さぶりながら声をかけると、彼女の目蓋がゆっくりと開き、とろんとした目で石墨さんの顔を見た。眠そうな声で「どうしたの……？」とつぶやく。

事情を説明したが、彼女は何も覚えていないという。代わりに石墨さんの話を聞いてみるみる顔色を蒼ざめさせ、「早く帰ろうよ！」と泣きだしてしまった。

以来、興味本位で二度と馬鹿な真似はしないと心に誓い、今現在に至るという。

件のラブホテルが今でもあるかどうかは分からないとのだった。

別れの言葉

会社員の馬島(まじま)さんが仕事帰り、夜の街中を歩いていると、道の前方から見覚えのある人物が歩いてきた。馬島さんが数年前から贔屓にしている、若いキャバクラ嬢である。声をかけると彼女は馬島さんの許にやって来て、耳元にそっと顔を近寄せた。

「ぶっちゃけ、ずっと大嫌いだったの。じゃあね」

「は?」と声をあげて振り向いたのだが、いつのまにか彼女は姿を消していた。

それから数日後、馴染みのキャバクラに行くと、店のママから贔屓にしていた彼女が死んだことを知らされた。五日ほど前、交通事故に巻きこまれてしまったのだという。

「俺のこと嫌いだったのかな?」と尋ねたのだが、「さあ」と返されて終わりだった。

それからキャバクラ通いはやめてしまったそうである。

未遂と成功

都内で美術関係の仕事をしている真比流(まひる)さんの話である。

彼女は数年前の深夜、危うく性的暴行を受けそうになったことがある。

その日は宵の口から仕事絡みの呑み会に出席し、三次会まで付き合うことになった。

三次会には真比流さん以外に五、六名の男女が参加した。

帰りしな、他の面子の大半は店の前でタクシーを捕まえたのだけれど、真比流さんの自宅は店からさほど遠からぬ距離にあったので、徒歩で帰宅することにした。

歩きだしてまもなくすると、背後から「おーい！」と声をかけられた。

振り返った先にいたのは、三次会に参加した五十絡みの頭の禿げた男性だった。

「俺も帰り道がこっちなんだよ。途中まで一緒に歩こうよ」

赤ら顔に弾んだ笑みを浮かべて言われたが、真比流さんは全然気乗りがしなかった。

彼とはこの日が初対面だったのだけれど、典型的な昭和のスケベ親父といった印象で、生理的に受け容れることができなかったのである。

宴席のさなか、真比流さんのそばへ摺り寄ってきては、破廉恥な話題を振ってきたり、スカートから覗く脚のほうへ頻りに視線を向けてきたりと、露骨にやりたい放題だった。楽しい呑み会のムードを壊したくなかったので、穏便に対処するようにしたのだけれど、会がお開きになれば二度と関わりたくもない人物だった。

「急ぎますので」と、やんわり誘いを断ったのだが、男性のほうは往生際の悪いことに「だったら俺も早足で歩こう!」などと言い放ち、隣にぴたりと並んで歩きだす。

最悪。キモい。うざい。どっかに消えて。

苛々しながら、できうる限り歩調を速めて歩いたが、男性はふらふらとした足取りでぜえぜえと息を荒げながらも、しつこいまでに付いてきた。

「ねえねえ、もうちょいゆっくり歩いてよお……」

「ですから、急ぐって言ったじゃないですか」

酒臭い吐息を孕んだ甘え声で訴えられたが、作り笑いを浮かべてぴしゃりと撥ね除け、さらに歩調を速めていく。

彼も必死になって付いてきたのだが、それからまもなく、ふいに「うっ！」と呻いて両手で口元を押さえたかと思うと、歩道沿いに立つビルの隙間に駆けこんでいった。無理をするからそうなるのだ……。立ち止まってビルの隙間に視線を向けると案の定、男性は四つん這いになって路面にゲーゲー吐き始めたところだった。

そのまま捨て置いて帰ることもできたのだけれど、もしも急性アルコール中毒などを起こしてしまったらまずいなとも思った。多少は良心の呵責(かしゃく)も感じてしまった。

仕方ないなと割り切り、真比流さんもビルの隙間に分け入って「大丈夫ですか？」と背中に向かって声をかける。

すると男性はくるりとこちらへ振り向き、やおら真比流さんの身体に抱きついてきた。悲鳴をあげたとたん、片手で口を塞がれ、もう片方の手がスカートの中に入ってくる。

「まあまあまあ、すぐだから、すぐ済むから、ちょっといいことしましょうよ！」

ゲロ臭い息を鼻先に向かって吹きつけながら、獣のような眼差しで彼が言う。

逃げようとすると背中に太い腕を巻きつけられ、分厚い胸元へ引き寄せられてしまう。振りほどこうにも力が強く、身を引き離すことができなかった。

どうしようと焦りながら懸命に身を捩り、視線が彼の顔から上方に向いた時だった。

ビルの間に細長く開いた闇空から、何やら白いものが降ってくるのが見えた。

一瞬、シーツかと思ったのだけれど、よく見るとそれは、白いローブのようなものを纏った髪の長い女だった。顔には寒気のするような薄笑いが浮かんでいる。

驚いて身を竦めるのとほぼ同時に、女は真比流さんたちのすぐ頭上まで降りてきた。

次の瞬間、真比流さんの身体を押さえつける男性の身体がぶわりと剥がれて、彼は「うおっ！」と叫び声をあげながらうしろに向かって吹っ飛んでいった。背後に聳える（そび）ビルの壁に背中と後頭部を思いっきりぶつけ、そのまま路面にずるりとへたれこむ。

一方、闇空から降りてきた白衣の女は、真比流さんの鼻先までぐっと顔を近づけると、こちらも獣じみた不穏な笑みを浮かべて真比流さんの顔を覗きこみ、それからじわりと姿を薄めて薄闇の中に消えてしまった。

あっというまの出来事で、何が起きたのか事態を把握することができなかったのだが、逃げるなら今しかないと思った。

薄汚れたビルの壁にもたれて呻く男性の動向に警戒しながら、狭い路地を飛びだすや、あとは脇目も振らず、駆け足で息を弾ませながら家路に就いた。

それで辛くも難を逃れられたと思っていたのだけれど、事態はその後、思わぬほうへ進んでしまう。

暴行未遂があって以来、真比流さんは夜な夜な強い金縛りに遭うようになった。眠ると夢の中に例の白い女が出てきて、首を絞めてくることもある。

異変が起きて二週間余りを迎えた頃、とうとう限界を感じ、知り合いのつてを頼って霊能師の許へ相談に赴いた。

薄々思い抱いていたとおり、霊能師は真比流さんの頭頂部に鋭く視線を光らせながら、「よくないものにとり憑かれていますね」と言った。

徐霊をしてもらったところ、その日以来、怪異に悩まされることはなくなったという。

「一難去って、また一難。まさに踏んだり蹴ったりな体験でした……」

大きく肩を窄(すく)めてみせながら、真比流さんは苦笑いを浮かべて話を結んだ。

絶対違うはずなのに

ある日、美里亜(みりあ)さんの暮らすマンションに一通の茶封筒が届いた。

差出人は不明。中にはラベルが真っ白いままのＤＶＤが一枚入っていた。

再生してみると、中身はアダルトビデオだった。

映像は全体がぼやけて粒子も荒く、かなり昔に撮影されたものではないかと思う。

ビデオに出演している女優は美里亜さんにそっくりだった。というより、今の自分と瓜二つである。髪型を始め、体形や黒子の位置まで寸分違わず一致していた。

こんなビデオに出演した覚えはない。テレビの液晶画面に映る女を見ながら慄いたが、女の発する声まで美里亜さんと同じだった。

多大な怖気と不安を抱きつつも警察に相談することも憚(はばか)られ、ＤＶＤは誰にも見せず、その日のうちに処分してしまったそうである。

禍(か)の残滓(ざんし)

「拝み屋備忘録」シリーズの三作目『ゆきこの化け物』も、当初の予定は表題作となる風俗嬢の話を軸に、水商売や性にまつわる怪談を散りばめていくという構成だった。

こちらも最終的にはそうした話を極力減らし、代わりに様々な色みを帯びた恐怖譚を全体に配したのだが、理由については『首なし御殿』とだいぶ異なる。

『ゆきこの化け物』に登場する、とある若い風俗嬢の末路に私はずっと心を痛めていて、同じ色みを帯びた話を多数収録することに拒絶反応を来たしてしまったのである。

作品自体は、初めに想定していた雰囲気と比べても遜色のない仕上がりとなったので、結果オーライだったのだが、その半面、未収録に終わった話が不遇でもあった。

「脱法こっくりさん」から「絶対違うはずなのに」まで続けて紹介してきた八つの話が、それらに該当するものである。ここにようやく開陳することができた。

さらにもうひとつ。我が実体験でも『ゆきこの化け物』に収録する予定だったものの、最終的に見送ってしまった話がひとつある。

こちらは単に頁数の都合で収めることを断念した話である。今後のシリーズの中でも収録できるかどうか分からないため、このまま続けて紹介させてもらうこととする。


やはり都内で起きた話である。二〇一六年の八月、月遅れ盆に近い時季のことだった。

泊まりがけの出張相談に出掛けた折、夜になって私は、独りで歌舞伎町に繰りだした。

時刻は十一時半過ぎだったと思う。

仕事は日暮れ時に終わり、その後は定宿にしている近くのカプセルホテルに籠もって時間を潰していたのだが、遅い時間になってもなかなか寝付くことができなかった。

ラウンジには酒の自販機が置いてあり、缶ビールやハイボールなどを適当に見繕って三本ほど呑んだのだけれど、眠くなるどころか逆に目が冴えてきてしまった。

四本目を買って呑もうかと考えていた時に「どうせ呑むんなら、本格的に呑むか」と思い立ち、ホテルを出た。手頃な居酒屋なりを見つけて呑み直すつもりだった。

ところが週末の晩ということもあってか、大手の店はどこもかしこも満席だった。

通りを歩くなか、怪しげな客引きたちが盛んに声をかけてくるのだが、そんな誘いは論外である。周囲に視線を向けると「二時間五百円飲み放題」などと記された呑み屋の看板もあちこちに見つけたが、ゼロをふたつ多く請求されそうで、入る気になれない。

ホテルの近場ということで繰りだしてみるも、歌舞伎町はほとんど土地勘がないため、店は思うように狙いが定まらなかった。下手なボッタクリ店に捕まるのも嫌だったので、やはりホテルで呑もうと思い直す。

ホテルに向かって踵を返し、酔っ払いでごった返す通りを歩いていた時だった。

ふいに前方から「わああ！」と大きな悲鳴が聞こえ、声がこちらに近づいてきた。

何事かと思って目を凝らすと、道の向こうから顔じゅうを涙でぐしゃぐしゃに乱した若い男女が四、五人、こちらに向かって走ってくるのが見えた。

正面から様子をうかがう限り、彼らのうしろから誰かが追ってくる姿は確認できない。若い男女らは頻りに「わああ！」「救けてぇ！」などと大声を張りあげ、脇目も振らず駆けてくる。距離はあっというまに縮まり、彼らは私の真横を走り抜けていった。

すれ違った瞬間、声がぴたりと止んでしまう。背後を振り返ると男女の姿もなかった。

代わりに煙のそれとおぼしき、苦みを帯びた強烈な臭いが鼻腔に舞いこんでくる。

周囲の酔っ払いたちで異変に気づいた者はいないようだった。怪しげな客引きたちも平然とした様子で、いいカモを捕まえようと躍起になっている。

私も素知らぬふりを決めこんでホテルへ戻ることにした。


のちになって男女とすれ違った界隈を調べたところ、正体が分かったような気がした。

怪事があった現場は、十五年ほど前に大きな火災が発生した、雑居ビルの近くだった。

火災発生当時、ビルのテナントには飲食店や麻雀店、風俗店などが入っていた。

詳細は伏せるが、四十人以上の犠牲者をだした大惨事である。出火の原因は放火とも言われている。ビルは火災後に取り壊され、長らく更地となっていた。

通りを駆けてきた男女が姿を消したのを目にしても、不思議と怖さは感じなかった。

断舌

なぜに人というのは、心霊スポットに行きたくなってしまうのか。

表層的な印象では、やはり軽い好奇心と若気の至りによるものではないかと思う。

今から十五年ほど前の夏場に起きた話だという。

当時二十代前半だった左治木(さじき)さんと友人たちも、斯様な好奇心と若気の至りが高じて、夜中に心霊スポットへ赴いた。

彼らが訪ねたのは、隣町の郊外に位置する小さな廃工場。特に人が死んだなどという事実はない場所だったが、建屋の裏手に墓地が広がっているので、以前から「出る」と噂の囁かれている場所ではあった。

中はこぢんまりとした造りだったため、冷やかし半分の探索はすぐに終わってしまう。そのまま帰るのは惜しいということになり、今度は暗闇に染まる場内で怖い話を始めた。

懐中電灯が放つ薄明かりを頼りに五人ほどのメンバーが車座になり、自慢の恐怖話を順ぐりに語ってゆく。始めに左治木さんが語り、続いて川奈という友人の番になった。

「これさあ、実はついさっき、工場を探検中にふっと感じたことなんだけど……」

懐中電灯の光を自分の顔に翳しつつ、思わせぶりな口調で語り始めてまもなくのこと。

川奈がふいに口を閉ざして「ぐっ」と呻いた。

続いて彼の唇から真っ赤な血が溢れだし、床に向かって何かを「ぶっ」と吐きだした。

見るとそれは、噛み千切られた川奈の舌だった。

鮮血を垂れ流して苦悶の呻き声をあげる川奈をみんなで担ぎ、大急ぎで病院へ向かう。

なんとか一命は取り留めたが、千切れた舌を縫いつけることはできなかった。

その後、容態が安定した頃合いを見計らい、本人にくわしい事情を尋ねてみたのだが、ペン字で「自分でもよく分からない」と書かれた紙を見せられただけだった。

「あの晩、工場の中で何を感じたんだ?」という質問については顔色をみるみる曇らせ、たったひと言、ペン字の殴り書きで「覚えてない」と返してきただけだという。

深夜の廃工場を探検するそのさなか、彼の身に一体、何が起きたというのだろう。

先行体験

手代木（てよぎ）さんという都内でライターをしている方が、こんな体験をしたのだという。

ある年の夏、お盆の時期に手代木さんは、妻の実家がある関西地方の田舎へ出掛けた。妻の他、小学二年生になる息子も引き連れ、お盆参りを兼ねた泊まりがけの帰省だった。

本当はのんびり過ごしたかったのだけれど、八月の初旬から手掛けていた原稿は結局、出発の段になっても書きあがらず、やむなく妻の実家で仕上げることになった。

だが実家に着いてみると、とても原稿仕事などできる環境ではないと分かる。

実家には手代木さんの子と同じく、小学校低学年になる義兄夫婦の息子がふたりいて、家の内外を問わず息子と一緒に騒ぎまくる。

家の一室を借り、持参したノートＰＣを開きはしたものの、子供たちの声がうるさく、まるで集中することができなかった。

「まいったな……」としばらく頭を悩ませていたところへ、見かねた義兄が部屋に来た。

「よければ、場所を変えてみるか？」と言う。

聞けば家から少し離れた場所に、地区の集会場があるのだという。

木造平屋建ての小さな無人の建物で、周囲は田畑と雑木林に囲まれた静かな環境だし、そこなら集中して仕事ができるのではないかとのことだった。

願ったり叶ったりということで、昼過ぎに車で送ってもらう。

集会場は、だだっ広い大広間の他、八畳敷きの和室と台所の三部屋で構成されていた。広間はなんとなく雰囲気が落ち着かず、作業は和室のほうでおこなうことにする。

和室は建物の北側に面しており、窓の外には鬱蒼と生い茂る雑木林が広がっていた。広間に比べて若干涼しかったが、室内は薄暗く、昼でも電気を点ける必要があった。

普段は地区行事をおこなう際の着替えや休憩に使われている部屋だそうで、室内には小ぶりな文机と、壁に掛けられた姿見ぐらいしかない。

外から聞こえてくるのは蝉の声だけだったので、文机に向かってノートＰＣを開くと、すぐさま原稿に集中することができた。作業は思っていた以上に捗（はかど）り、あっというまに小一時間が経過する。

一段落ついたところで画面から目を離し、軽く伸びをしながら室内に視線を向ける。

するると、壁に掛けられた姿見の鏡面が、いつのまにか湿気で曇っているのが見えた。

肌で感じる限り、室内の空気にじめじめとした印象はない。妙だと思って立ちあがり、姿見に近づいていくと、鏡面の右下辺りに何やら文字が浮き出ているのが見えた。

平仮名で「たすけて」と書いてある。鏡面を指でなぞってできた文字である。

以前、この部屋を利用した誰かの書いた悪戯書きが、湿気で浮かびあがったのだろう。

見ていてあまり気持ちのいい文言ではないため、タオルで鏡面全体を綺麗に拭いた。

それからさらに一時間ほどして机から顔をあげると、またぞろ姿見の表が曇っていた。

しかも今度は、鏡面のまんなかに大きく「たすけて」と文字が浮き出ている。

さすがにぞっとなり、慌てて仔細を検めたが、文字ははっきり浮き出ていた。

文字の上に指を近づけてみる。鏡に走る指の線は、自分のものよりはるかに細かった。

なんとなく、子供が書いた文字のような印象を受けた。

先刻、鏡面は万遍なく拭いたはずだし、新たな文字が浮かびあがってくるはずもない。

さすがに気味が悪くなってきた。早めに切りあげようかと思い始める。

と、そこへ。

「たすけて」


頭のすぐ真後ろから、子供の声が聞こえてきた。小さな男の子の声だった。

言葉の重さに相反して声音は軽く、なんとなくこちらを嘲(あざけ)るような含みを感じた。

はっとなって振り返ったが、背後に子供の姿などなかった。急いで荷物をまとめると集会場を飛びだし、田舎道を早足で歩きながら義兄に電話を入れた。

まもなく迎えに来てくれた車に乗りこみ、今しがた起きたことを説明したのだけれど、義兄からは「集会場で子供が死んだ話など、聞いたことがない」と言われてしまった。

集会場で子供が死んだのは、それから二年後のことである。

件の和室で日中、独りで昼寝をしていた小学校低学年の男の子が、熱中症にかかって敢えなく息を引き取ってしまった。

その後、部屋にはその子の幽霊が出ると言われるようになったが、流れを俯瞰(ふかん)すると手代木さんは同じ部屋で先んじて、異様な体験をしたということになる。

反転現象

嘉島(かしま)さんという、デザイン関係の仕事をしている方から聞かせてもらった話である。

今から二十年近く前、嘉島さんが美術専門学校に通っていた頃のこと。

夏休みに彼は、遠縁の親戚一家が暮らす山陰地方の田舎町へ泊まりに出掛けた。

目的は写真撮影とスケッチ。授業の課題で山を描きたいと思ったので、主には資料を集めるための遠征だった。

親戚宅は周囲を豊かな緑に色づく山々に囲まれ、資料集めは思っていた以上に捗った。

気の向くままに近所をぶらつき、三日ほど経った昼過ぎのことである。

親戚の伯父が「近所の廃校に行ってみないか？」と誘ってきた。

家から少し離れた山の裾野に古びた廃校があるのだという。その昔、校務員の仕事をしていた伯父が、今でも管理を任されているとのことだった。

伯父の車に乗せられ、ほどなくたどり着いたのは、木造平屋建てのこぢんまりとした造りの建物だった。元は小学校だったらしい。

到着すると、伯父はさっそく手慣れた様子で敷地内の方々を調べに回り始めた。

一方、嘉島さんは昇降口の鍵を開けてもらい、独りで中を見学することにする。

しんと静まり返った廊下の壁には、かつての児童たちが描いたとおぼしき図工の絵が、そのまま貼られっぱなしになっていた。

無人の教室を覗いてみると、こちらも小さな机と椅子が整然と並べられ、昔の面影を色濃く漂わせているのが感じられる。

興味深く拝見しながら廊下の奥へ向かって進んでいくと、角を曲がった突き当たりの壁に大きな姿見が掛けられているのが目に入った。

歩を進めて前まで至ると、鏡の直径は嘉島さんの身の丈よりもなお大きい。鏡面には自分の全身が等身大でくっきりと映りこんでいる。

鏡面に向かって笑みを浮かべ、何気なく右手をあげてみる。

すると鏡の中の自分は、反対側の手をあげた。

ぎょっとなって手をさげると、鏡の中の自分もぎょっとした顔で手をさげた。

慄きながらも「気のせいか……」と思い、鏡に映る自分の姿をまじまじと検めてみる。まもなく自分が着ているTシャツに目が行った。とたんに再びぎょっとなる。Tシャツの表には英字で「ＢＲＡＶＥ」と綴られた文字がプリントされているのだが、鏡に映る文字は、反転せずにそのままの形で映りこんでいた。

信じられない気持ちになってもう一度、鏡に向かって右手をあげる。すると鏡に映る自分は、奇妙な薄笑いを浮かべながら反対側の手をあげてみせた。堪らず「ぎゃっ！」と悲鳴をあげるや、嘉島さんは一目散に校舎を飛びだした。

それまで右利きだった彼が左利きになったのは、この日を境にしてのことだという。鏡に映る異様な自分の姿を目にして以来、右手で何か書こうとしても違和感を覚えて思うように筆が運ばず、反対に左手を使うとすらすら書くことができた。字を書いても絵を描いても、結果は同じだった。右手は使い物にならなくなった。四十路を過ぎた今現在も、嘉島さんがペンを握るのは左手のままである。

タイミング

垂見(たるみ)さんという三十代の男性から、こんな話を聞かせてもらった。

彼は小学生の頃、怖い話の本を読んでいた時に「鏡に映る怪異」というのを知った。

夜中の零時に鏡を覗くと、鏡に映る自分の背後に霊が映って見えるとのことだった。

少々怖かったのだが、物は試しということでさっそく実験してみた。

結果は空振り。深夜零時に鏡の中に映ったのは、眠たい目をした自分の顔だけだった。

がっかりしながら床に就いた、翌日のこと。

朝方、洗面所に行って何気なく鏡のほうへ視線を向けると、鏡面には自分の代わりに見知らぬ女の姿が映っていた。女は片目がなく、右の目には黒い穴が開いていた。

鏡越しに女からニヤリと笑いかけられてしまった垂見さんは、それからしばらくの間、まともに鏡を見られなくなったという話である。

謎割れ

山内（やまうち）さん夫妻は山形県の田舎町に立つ、築五十年余りの古家を借りて暮らしている。

居住開始からすでに二十年近くが経とうとしているが、この家では年に数度の頻度で、台所の食器が割れるのだという。

無論、ただ割れるのではない。真っ二つに割れるのである。

ご飯茶碗、味噌汁椀、丸皿、平皿、小鉢、湯呑み茶碗。

割れる食器は、種類も形も材質も問わない。いずれの器もまるでレーザーカッターで切られたかのごとく、まんなかから綺麗な直線を描いて真っ二つに断ち切れる。

異変は食事の支度をしている時に気づくこともあれば、台所から突然「がちゃり」と聞こえてくる音ではっとなることもあった。被害に遭う食器の種類は決まっていないが、割れる場所は台所のみと決まっていた。他の場所では決して割れることはない。

初めのうちは何がしか合理的な説明のつく、それらしい原因があるのだろうと思ってさして気にも留めなかったのだが、何年経っても原因は不明のままに器は割れ続けた。

居住開始から七年近くが経ったある朝のこと。朝食の支度をしていた山内さんの妻が食器棚から大きな丸皿を手に取り、テーブルに運び始めた時だった。

両手に持っていた皿がふいに「びきり」と鋭い音を立て、真っ二つに割れてしまった。以来「合理的な説明はつかない」ということで落ち着き、今現在に至るという。

神主や霊能師を招いて何度かお祓いをしてもらったこともあったが、その後も台所の怪異が収まることはなかった。

かくいう私も二年ほど前、依頼を受けて魔除けの御札などを送ったことがあるのだが、結果は変わらず、なおも器は割れ続けているとのことだった。

少なくとも本人たちが自覚する限りでは、台所の器が割れる以外に怪異らしい事象を確認したことは一度もないとのことである。

死人帰り

昭和五十年代の終わり頃、靖江（やすえ）さんが中学三年生の時に体験した話である。

二学期が始まってひと月ほどが経った、秋の盛りのことだった。

他県で暮らす親類の葬儀に参列するため、両親が一晩、家を留守にすることになった。

留守番を任されたのは靖江さんと、ふたつ年上で高校二年生になる姉の陽子（ようこ）さんだった。

住宅地の片隅に立つ二階建ての自宅。姉妹が二人きりで一夜を明かすのは、この時が初めてのことだった。当日の夜は、一緒に好きな料理を作って食べようという話になる。

約束の日の夕暮れ時。

靖江さんが帰宅すると、すでに陽子さんが帰ってきていて、居間でテレビを観ていた。

廊下の戸口から「ただいま！」と声をかけると、一拍置いて「おかえり」と返ってくる。

視線はテレビの画面に向けられ、こちらを振り向くことはなかった。

テレビでは恋愛ドラマの再放送が流れていた。三年ほど前に陽子さんが毎週楽しみに観ていたドラマである。

けれども、うっかり最終回を見逃してしまい、当時は地団駄を踏んで悔しがっていた。画面に映っているのは、その最終回のようだった。

靖江さんは興味がなかったし、陽子さんは夢中になって観ているので邪魔をするのも悪いかと思った。早めに宿題を済ませることにする。

二階の自室に戻って机に向かい、宿題を始めてしばらく経った頃である。

突然、うしろから髪の毛を引っ張られ、椅子から仰け反りそうになった。

思わず声をあげて振り返ったが、背後に人の姿はない。固く閉ざされた部屋のドアが見えるだけである。

だが、気のせいではなかった。髪には強く引かれた感触が残っている。

階下へおり、居間のほうまで行ってみると、姉はこちらに背を向け、黙ってテレビを見続けている。声をかけようとしたところへ廊下に置いてある電話が鳴った。

「もしもし、靖江？　大丈夫？」

受話器を取り、耳元へ聞こえてきた声にぎょっとなる。陽子さんの声だった。

「え？　嘘、お姉ちゃん？　……どうして？」

「いいから聞いて。今、家の中にわたしがいるでしょう？　でもあれ、わたしじゃない。そっくりだけど、わたしじゃない。気づかれないようにすぐ逃げな」

「え？　え？　わけ分かんない。どういうことなの？」

尋ねるなり、電話はぷつりと切れた。

居間のほうからは、テレビの音が聞こえてくる。信じがたい心地に背筋がざわめいた。戸惑いながらも忍び足で戸口へ向かい、中の様子を覗いてみる。

やはりそこには姉がいた。テレビの前に座って、靖江さんのほうに背中を向けている。

「お姉ちゃん……」

恐る恐る声をかけると、陽子さんは一拍置いて、ゆるゆるとこちらに首を振り向けた。姉は能面を思わせる冷たく強張った面差しで、靖江さんの顔を仰ぎ見た。

目にした瞬間「あ、違う」と直感し、たちまち膝が笑いだす。

テレビの前にぺたんと座る制服姿の少女。顔の造り自体は、陽子さんと瓜二つである。だが、これは絶対に自分の姉ではない。生気に乏しい顔の様子からして異様だったが、両目に感じる光は針のように鋭く、獲物を狙う蜥蜴（とかげ）のそれを彷彿させるものだった。

彼女は靖江さんの呼びかけに応じて振り向いたが、言葉を返してくることはなかった。黙ってこちらをじっと見つめるばかりである。

「ごめん、なんでもない……」

作り笑いを浮かべて後ずさり、震える足を玄関口のほうへ進ませる。

三和土に視線を落とすと、姉の靴が並んでいなかった。先ほど帰宅した時には気にも留めなかったのだけれど、思い返せば、初めからなかったのではないかと思う。

身体の震えはますます強くなり、鼓動も暴れるように速まりだした。わななきながら膝を折り、自分の靴に向かって指を伸ばす。

そこへ背後から「ぽん」と肩に手をのせられた。

振り返ると、姉の顔をした制服姿の女がこちらを見おろし、薄笑いを浮かべていた。

悲鳴をあげた瞬間、肩に置かれた手がぎゅっと縮まり、指先が肌に深々と喰いこんだ。

とっさに振りほどこうとしたのだが、もう一方の手で二の腕をきつく掴まれてしまい、逃げだすことができなくなった。

「やめて！」と叫んでも、肩と腕を締めつける女の力はわずかも弱まることはなかった。

女は満面に貼りついたような笑みを浮かべ、取り乱す靖江さんの顔を見つめ続ける。

悲鳴をあげつつ、必死になって身を捩っていると、外から誰かの足音が聞こえてきた。

表の路地から門口を抜け、玄関に向かって凄まじい勢いで駆けてくる。

足音はあっというまに玄関戸の前まで達し、次の瞬間、がらりと引き戸が開かれた。

開け放たれた戸口の向こうには、全身血みどろになった陽子さんが立っていた。

こちらの姉も制服姿だったが、生地の方々には引きちぎられたように破れた穴が空き、中から覗く肌からは真っ赤な血がどくどくと滴っている。

顔も額のまんなかと右の頬がざっくりと裂け、傷口から溢れる鮮血で小ぶりな満面はほとんど赤一色に染まっていた。

目は殺気を帯びてぎらぎらと光り、満面に鬼のような形相を浮かべている。

「離せっ！」

靖江さんが悲鳴を張りあげるのとほぼ同時に、血みどろの姉が怒声を発した。

とたんに肩と腕を掴んでいた力が消え、身体が自由になる。

背後を振り返ると、薄笑いを浮かべていた女の姿が消えていた。

続いて玄関口のほうへ視線を戻すと、戸口に立っていた血みどろの姉も消えていた。

何が起きたのかまるで分からず、その場に震えながらへたりこむ。

歯の音をがちがち鳴らしながら泣きじゃくっていると、廊下の電話が再び鳴りだした。出る気になれず放っておこうと思ったのだが、呼びだし音は一向に止む気配がない。

仕方なく、半ば這うように廊下を伝い、受話器を取った。

電話の相手は警察だった。先ほど陽子さんがトラックに撥ねられ、市街の総合病院に救急搬送されたのだという。たちまち血の気が引いて、言葉を失う。

その後、タクシーを使って病院へ駆けつけたのだが、姉はすでに息を引き取っていた。歩道に突っこんできた中型トラックに真正面から撥ね飛ばされ、搬送時には意識不明。ほとんど即死に近い状態だったのだという。

自宅で起こった怪異を含め、信じがたいことが相次ぎ、頭の整理が追いつかなかった。陽子さんの死から四十年近く経った今現在でも、一連の事態が擁する関係性については、未だに呑みこめないままであるという。

不審者

宮城県北部の田舎町で実家暮らしをしている、村越（むらこし）さんという若い男性の話である。

彼が高校三年生の時のこと、九月のシルバーウィークに中学時代の級友たちがふたり、自宅へ泊まりに来ることになった。

夕飯を食べ終えたあとは、自室でゲームに興じるなどして時間を過ごしていたのだが、夜更け近くになって友人のひとりが「お菓子を買いにいこう」と言いだした。

この頃、村越さんは自動車運転免許を取得したばかりだった。

お菓子を買うなら、車で十分ほどの距離にあるコンビニがいちばん近い。

折しも月が綺麗な晩だったし、ちょっとしたドライブがてら、出掛けることにした。

コンビニへの道のりは、自宅の前に延びる農免道路をひたすら進んでいくだけである。

道の両側には、刈入れが終わって土肌が剥きだしになった田んぼが広がっている。

友人たちと車に乗りこみ、農道を少し進んでいくと、道の横手に延びる細い砂利道の少し先に人影が見えた。

視線を向けると、白いワンピースらしき服を着た女だと分かる。

女は砂利道の縁に突っ立ち、坊主になって乾いた田んぼを見つめているようだった。遠目に一瞥する限り、地元で見たことのない女である。深夜を過ぎていることもあり、友人たちは女の姿に驚いて「幽霊じゃないのか？」と言いだした。

しかし幽霊にしては、輪郭がはっきりし過ぎている。外灯すらない暗闇の小道に立つ女の様子は確かに不気味だったけれど、村越さんの印象としては幽霊というよりむしろ、心を病んでいる人物のように思えてならなかった。

ほどなくコンビニに到着し、目ぼしいお菓子を買って帰途に就く。漆黒に支配された農免道路に再び車を走らせ、ほどなくすると、道の横手に延びる細い砂利道の少し先に白い人影が屹立しているのが目に入った。

女はまだ、乾いた田んぼを見つめながら佇んでいた。助手席に座る友人も姿を認めて、「まだいるぞ！　やっぱり幽霊なんじゃねえのか？」と叫ぶ。

一方、村越さんのほうは「まだいる」からこそ、幽霊ではないだろうと思った。

「生身の人だって」

言ったのだが、友人たちは「幽霊だって！」と譲らない。

ならば確かめてみようじゃないかということになり、農道から女が立っている脇道へハンドルを回す。細い砂利道に車が入ると、前方に佇む女の姿がヘッドライトの光芒にくっきりと照らしだされた。

そのままぐんぐん近づいていく。すると、女の姿が突然消えた。

傍らまで、残り五メートルほどの距離まで近づいた時のことである。

状況から察して、見間違えとは思えなかった。友人たちも驚きの声をあげ始めたので、嫌でも「消えた」と認めざるを得なかった。

「な？　だから言ったろ！　幽霊だって！」

真っ青になって叫ぶ友人たちの顔を見ているとますます怖じ気は強まり、村越さんは大急ぎで車をUターンさせるなり、元来た道を引き返し始めた。

信じられない心地を抱えたまま、再び農免道路を走りだして、ほどなくした頃である。

後部座席に座っていた友人が、出し抜けに「ぎゃあああっ！」と凄まじい悲鳴をあげた。

隣にさっきの女が座っていたのだという。

がたがた震えながら訴えるその隣には、誰の姿もなかった。シートは蛻の殻である。

「あっというまに消えてしまった」と友人は言う。

この期に及んで冗談を言うとは思えなかったので、たちまち怖じ気がぶり返してくる。アクセルペダルをぎゅっと踏みこみ、家路をさらに急ぐことにした。

だが、車のほうはみるみるうちに速度を緩めてゆき、百メートルほど走ったところでとうとう停止。あとはうんともすんとも言わなくなってしまう。

エンジントラブルかと思ってボンネットを開けてみたのだが、原因は分からなかった。辺りは漆黒に包まれた田んぼが広がるばかりで、道路を車が通る気配もない。

携帯電話で実家に応援の連絡を入れてみたのだけれど、家族は誰も出てくれなかった。ほとんど半泣き状態になって「なあ、どうやって帰ろう?」と友人たちに問いかけると、「歩いて帰るしかねえだろう……」と返された。

仕方なく、三人で肩を寄せ合いながら暗い夜道を歩く羽目になる。

たっぷり時間を掛けて家路をたどるさなか、またぞろ夜道の先であの女が出てきたらどうしようとびくつきながら歩き続けた。だが不幸中の幸いにも、村越さんたちの前に再び女が姿を現すことはなかった。

翌朝、父の運転する車で農免道路へ舞い戻ると、路肩に停めていた車はボディ全体が余すところなく鳥の糞まみれと化して、まるでぼた雪が降り積もったようになっていた。周囲の路上に糞はひとつも見当たらず、鳥たちは明らかに車を狙って排便していた。

例の白い女が関係している事象かどうかは不明だったが、白々と染まった車の様子は、夜道で出くわした女の姿を思い起こさせるに十分たるほど、不気味なものだったという。

影猫

街場に暮らす長峰（ながみね）さんが深夜二時過ぎ、近所のコンビニへ出掛けた帰り道のこと。

寝静まった住宅街の路地を歩いていると、少し離れた道の前方に黒い影が見えた。

数は複数。大きさは枕くらい。いずれも路上に丸い形になって蹲（うずくま）り、微動だにしない。

不審に思いながら近づいていくと、それらは黒い猫だった。

だが、小ぶりな顔には目鼻口が見当たらない。目に入るのは頭の上でぴんと突き立つ、ふたつの鋭い耳だけである。まるで影法師のような風貌だった。

仔細を確かめるため、さらに歩を進めていくうち、黒い猫たちは音も立てることなく、目の前から一斉にすっと姿を消してしまった。

翌朝、通勤中に同じ道に差し掛かると、路上で黒猫が一匹、車に轢かれて死んでいた。

道理は不明ながら、前夜に見た猫たちと関連性を見いださずにはいられなかったという。

ずっと貪り喰われてる

戸川さんという、現在三十代半ばになる男性の話である。

彼は幼い頃から繰り返し、同じ悪夢にうなされ続けている。

それは、こんな夢である。

仰向けに寝ている彼に向かって無数の猫たちが群がり、身体じゅうを貪り喰らう。

四肢は指の先端からぼりぼりと齧り取られ、腹は鋭い爪でびりびりと裂かれたうえに、中から引きずりだされた臓物がずるずると吸いこむような勢いで喰われていく。

痛みこそ感じることはなかったが、戸川さんの身体を貪る猫たちの息遣いや咀嚼音は、夢とは思えないほど生々しく、毎回悲鳴をあげて目覚めていた。

ただひとつ、幸いと言えたのは、夢を見る頻度が年に一、二度程度ということだった。

けれどもその回数がどうであれ、嫌なものは嫌だったし、恐ろしいものは恐ろしかった。

成人してほどなくした頃、知人に紹介された霊能者に夢の件を相談したことがある。

霊能者の答えは、「前世で猫を虐待した報いを受けているのだろう」とのことだった。

そんなことを言われても覚えがなかったし、解決法を尋ねても「特にない」と言われておしまいだった。

その後も同じ頻度で夢を見続け、今度は三十路に至る頃、別の霊能者に相談してみた。

だが、こちらの答えも「前世で猫を虐待した報い」とのことだった。解決策についても「ない」と言われ、話はあえなく打ち切られてしまう。

以来、現在に至るまで戸川さんは年に一、二度の割合で、猫に喰われる夢を見ている。

これまでの人生で何十回も見ている夢だが、慣れることは決してないという。

猫に縁のある神社仏閣を尋ね、お詫びに手を合わせるなどをしたこともあったのだが、なんの効き目もなかったそうである。

仮に「前世」というものが本当にあるとして、自分が猫を虐待していたのだとしたら、それは果たしてどんな形の仕打ちだったというのだろう。

ここ数年は夢の中で猫たちに貪り喰われるたび、ついついそんなことも考えてしまい、二重におぞましい思いをしているのだという。

いただきキャット

猫絡みでおぞましい話が二話続いたので、最後はポップな話で締め括る。

「嘘みたいな話ですけど、これは本当にあったことなんです。信じてください！」

田舎町の安アパートに独りで暮らす池野さんという青年が、しどろもどろな素振りで語ってくれた話である。

彼が暮らしているのは一階の角部屋。駐車場に面した居間には掃き出し窓が嵌められ、暑い時には窓を全開にして涼をとることにしていた。

今から五年ほど前の夏場、茹だるように蒸し暑い昼下がりにそれは起きたのだという。

この日も池野さんは、朝から掃き出し窓を開け放っていた。

昼時になって池野さんは、昼食にインスタントラーメンをこさえて食べることにした。

鍋で煮るタイプの袋麺である。

手早く調理を済ませ、丼によそったラーメンを居間へ運んだ時、胡椒を忘れたことに気がついた。卓袱台の上に丼を置き、台所へ引き返す。

胡椒を片手に再び居間へ戻ってくると、茶虎模様の大きな猫がラーメンを食っていた。それも卓袱台の縁に前のめりの姿勢になって腰をおろし、片手にきちんと箸を持ってずるずると麺を啜っている。もう一方の手は、丼を包みこむように添えられていた。

ぎょっとなって声をあげるや、猫のほうもはっとなって顔をあげた。

続いて卓袱台の前から立ちあがると四本脚に戻ってひらりと身を翻し、開け放たれた掃き出し窓から外へと向かって一直線に飛びだしていった。

池野さんもすかさずあとを追って、窓から外を覗き見る。猫は駐車場の端に敷かれたブロック塀を飛び越え、道路のほうへ消えていくところだった。

以来、池野さんはすっかり怖くなってしまい、不用意に掃き出し窓を開け放つことはなくなってしまったそうである。

今でも胸に燻ぶり続ける恐怖も含め、全て本当にあった話なのだが、忌々しいことに誰にこの話を語り聞かせても、まともに取り合ってくれる者はいないのだという。

「話すたびに笑われるのが辛いんです……」とこぼして、池野さんは話を結んだ。

お引越し

初秋の休日、浅山（あさやま）さんが妻と幼稚園児の娘を連れ、車で行楽に出掛けた時のこと。

山間に延びる細い道を走っていた時、前方の路傍に古びた墓地が見えてきた。

「あっ！　あれ欲しい！　あれ取って！」

車が墓地に近づき始めてきた時、後部座席に座る娘が急に身を乗りだし、声をあげた。

何かと思って尋ねると、娘は人形が欲しいのだという。路傍側に面した墓石の中には、墓前に可愛い女の子を模した小さな人形型のぬいぐるみが、ずらりと並ぶ墓があった。

いずれもテレビアニメに登場する人気キャラクターの女の子で、娘が贔屓にしている女の子たちでもあった。

娘は「欲しい、欲しい！」と喚（わめ）き散らすが、まさか墓から掠め取るわけにもいかない。

妻とふたりで「ダメ！」とたしなめ、墓地の前を通り過ぎる。

願いを聞いてもらえなかった娘は、火がついたように泣き叫んだ。妻が宥めすかすも、ぎゃーぎゃーと大声をあげて騒ぎ立てる。

うるさいなあ……と思い始めてまもなくした頃だった。

ふいに娘が「あっ」と小さく声をこぼして、ぴたりと泣き止んだ。

続いて妻が「ぎゃあっ！」と悲鳴をあげ、浅山さんの片腕にしがみ付く。

驚きながら後部座席を振り返ると、娘が両手に女の子のぬいぐるみをどっさり抱えて微笑(ほほえ)んでいた。先ほど墓地に供えられていた、あのぬいぐるみたちである。

「それ、どうしたの！」と尋ねると、娘は「下から遊びにきたの！」と答えた。

どうやら座席の下から這いだしてきたらしいのだが、そんなことなどあるはずがない。

ぬいぐるみたちはその後、墓地からだいぶ離れた田舎道に一体残らず投げ捨てたのだが、再び喚きだした娘を落ち着かせるのに、かなり手こずらせられたという話である。

腐乱す人形

ネットオークションというものが世間にそこそこ知られるようになった頃というから、もうかれこれ二十年以上も前の話になるだろうか。

小久江(おくえ)さんというデザイン関係の会社を経営している女性が、ネットオークションで中古のフランス人形を落札した。

真っ白いシルクのドレスを纏った年代物のビスクドールで、出品用の写真を見る限り、かなり値の張りそうな人形だった。

一目惚れした小久江さんはすぐに入札したのだが、激戦になりそうだと覚悟していた予想に反して他に入札する者は現れず、人形は開始値で容易(たやす)く落札することができた。

後日、出品者から届いた人形は、出品画像で見るよりはるかに出来がよく、顔立ちも愛らしくてますます惚れ直すことになった。自宅の居間の片隅に飾る。

それから数日後、朝目覚めて居間へ向かうと、人形が全身真っ黒に染まっていた。

しかも黒く染まった表面は「ぶんぶん」と低い音を唸らせながら、幽かに蠢（うごめ）いている。

事態が呑みこめず、人形に近づき始めるや、突然「ぶーん！」と耳障りな音が木霊（こだま）した。

続いて人形を染めていた黒みが無数の細かい粒となり、四方八方に飛び散っていく。

見るとそれは、全て蝿（はえ）だった。

蝿たちは「ぶんぶん」と低い羽音をがならせながら、居間の宙を滅茶苦茶に飛び交う。

悲鳴をあげながら窓を開け放ち、外へと追い払うさなか、人形のほうへ視線を向けると
悲鳴は凄まじい金切り声に変わって、小久江さんの肝を潰させた。

乳白色の綺麗な肌をしていた人形の顔は滑（ぬめ）り気を帯びた焦げ茶色に染まり、真っ白な
ドレスも使い古したボロ雑巾のような色みに変わってじっとりと湿っていた。

蝿の消化液で腐食したのかと思ったが、ここまで変わり果てた姿にできるのかと思う。

そもそも居間の窓は閉め切っていたはずだし、あの蝿たちはどこからやって来たのか。

全身が無残に腐食した人形は修復不能で、処分するよりなかった。

何か曰くつきの人形だったのではないかとも思い、捨てるのに躊躇（ためら）いは生じなかった。

以来、中古で人形を買い求めることはなくなったそうである。

継ぎはぎ人形

五年ほど前の話だという。

霧子（きりこ）さんはある頃から、たびたび嫌な夢に悩まされるようになった。

夢の中で彼女は仰向けの状態で何者かに上から跨られ、ぐいぐい首を絞められている。

苦しさに喘ぎながら視線を向けた先にあるのは、自分自身の顔だった。

陶磁器のように冷たく色醒めた顔をした自分が、無表情な面持ちでこちらを見おろし、骨が砕けんばかりの凄まじい力でぐいぐい首を絞めてくる。

首を絞めるもうひとりの自分は素っ裸で、全身に継ぎはぎのような傷が走っている。

首筋、肩の付け根、肘、手首、胸元。いずれの部位にも生々しい縫合痕が浮いていた。

まるで一度バラバラになった身体を繋ぎ合わせたかのような風貌である。

異形の自分に首を絞められながら霧子さんは意識を失い、悲鳴をあげて目を覚ます。

こんな夢が三月余りも続いた。週に一度か二度の割合で見た。

原因も分からず、途方にくれていた休日の夕方近くのことである。霧子さんが暮らす自宅マンションに宅配便が届いた。

六〇サイズの赤い箱で、差出人は知らない男。品名の欄には「人形」と記されている。

開けてみると、中には顔面に霧子さんの写真が貼られた、裸の人形が入っていた。

背丈は着せ替え人形と同じくらいだが、四肢を始め、全身の部位は全て違う人形から切り離されたものが寄せ集められ、バランスが滅茶苦茶だった。

ボディの各所は、熱でどろどろに溶かした上からステープラーで繋ぎ合わされている。フランケンシュタインの怪物じみたおぞましい趣きに背筋がざわめく。

顔に貼られた写真は、運転免許に印刷されているものである。顔写真の輪郭に沿って鋏（はさみ）で切り抜かれ、分厚い両面テープで貼りつけられていた。

すぐに警察へ通報したのだが、のちになって差出人の氏名と連絡先は出鱈目（でたらめ）だったと聞かされた。犯人は結局、分からずじまいである。

ただ、人形が自宅に届いて以来、件の首を絞められる夢はぴたりと収まってしまった。

差出人が何を意図してこんなことをしたのか、理由についても不明のままであるという。

勝手にかくれんぼ

以上、「お引越し」から「継ぎはぎ人形」まで三話、人形にまつわる怪異を紹介した。

いずれもいつ頃お披露目しようかと思いつつ、長らく見送り続けてきた話である。

拝み屋という奇矯な仕事柄、私の許へ怪しげな人形が持ちこまれる機会も少なくない。

多くは魂抜き（たまぬき）と呼ばれる依頼で、古くなって処分を決めた人形たちから御霊を抜いて供養することなのだが、同じ魂抜きでも別の用件で持ちこまれる人形もいる。

前話までに紹介した、曰くつきの人形たちをお祓いするという意味での魂抜きである。

あれは確か、四年ほど前のことである。

県外に暮らす依頼主から、不気味な人形を処分してほしいとの依頼があった。

宅配便で届いた人形は全長五十センチほどのサイズで、翡翠（ひすい）色のドレスに身を包んだ金髪頭の人形だった。乳白色の細い面貌に、切れ長の青い目が輝いている。

少し前にアンティークショップで購入したものらしいのだが、自宅に迎え入れて以来、夜中に人形を飾っている部屋から妙な音が聞こえてきたり、異様な気配を感じることがあるのだという。

依頼主にしてみれば、気味が悪くて堪らなかっただろうと心中察するものがあったが、人形絡みの怪異では、割とよくある事例だった。

宅配用の段ボール箱から取りだした人形をひとしきり検(あらた)めてみた限り、大きな害意があるようには感じられなかったし、荷物が届いたのは夜の八時を過ぎた頃だった。

その夜は他にも急ぎでやるべき仕事があったので、魂抜きは明日にすることにして、仕事場の座卓の上に人形を立たせ、居間で別の仕事に取り掛かった。

ところが翌日、仕事場へ行ってみると座卓の上から人形が消えていた。

どこか別の場所に置いたのを勘違いしているのかと思い、仕事場のあちこちを隈なく探し回ってみたのだが、やはり人形の姿はない、仕事場の隅に置きっぱなしにしていた段ボール箱の中にも人形は入っていなかった。

独り住まいの身の上なので、私以外に人形を動かせる者などいるはずもない。

一瞬、泥棒でも入ったのではないかと疑ったが、金目の物がなくなったのならまだしも、わざわざ夜中に人の家に忍びこんで人形なんぞを盗む者がいるかと思い直した。

そもそも家には鍵を掛けていた。窓でも割らない限り、外から人が入ってくることはできないのである。無論、そんな形跡も確認できなかった。

考えたくはないのだが消去法で考えていくと、どうにも人形がひとりで座卓の上から飛び降りて、どこかに姿を隠してしまったような気にさせられた。

みるみる嫌な気分になってくる。

以来、人形は未だに見つからずじまいである。

後日、依頼主に電話で事情を説明したところ、当然ながらひどく驚かれてしまった。だがその半面、先方の家にも人形は帰ってきていないと聞き、私のほうは一応安心した。

元々、処分が目的で送られてきた人形のため、依頼主に人形を返す必要もなかった。ならばもうこれは、実質的に私個人が抱える問題ということになる。

家の中を含め、今のところ身辺では特にこれといって、人形の仕業とおぼしき怪異に見舞われることはない。

しかし、先にも触れたとおり、人形は家じゅうに鍵の掛かった状態で仕事場から姿を消している。おそらく今でも家のどこかにいるのではないだろうか。

否。厳密に言うなら、家のどこかに姿を隠しているのではないかと、私は考えている。

真夜中、布団に入って眠りに就く時。たまにふと、就寝している私の姿を細く開いた障子戸や押入れの襖の間からじっと見つめる人形の姿が、頭に浮かんでくることがある。

単なる空想に過ぎないのだけれど、受け容れがたい不穏な光景である。

いずれ人形が見つかったあかつきには、即時魂抜きの祈祷を執り行うつもりでいる。

但しそれまでこちらが何事もなく、無事でいられればの話だが。

それだよね？

週末の深夜、高崎（たかさき）さんがひとりで郊外のファミレスへ入った時のこと。

店員に案内されて席に着くと、少し離れたテーブル席に座る若い男女が目に入った。

男がふたりと女がひとり。いずれも二十代半ばほどの年頃に見える。

男と女が並んで座り、もうひとりの男はテーブルを挟んだ向かい側に座っている。

オーダーを済ませ、料理が来るのを待っていると、彼らの会話が耳に入ってきた。

店は閑散としていたし、声もそれなりに大きいため、聞くともなしに聞こえてしまう。

それはこんな会話だった。テーブル越しに男と男が話している。

「つーかさ、確かにあん時、めっさくそ呑んでたわ。ストロング酎ハイ、八本くらい？

でもよ、それとこれとは関係ねえから。絶対、幻覚とかじゃねえし。はっきり見てるし、
記憶もしっかり残ってるもんよ」

「じゃあ生身の女だったんじゃないっすか？　半透明とか、足がなかったとかじゃなく、姿ははっきりしてたんすよね？　多分、酒のせいで記憶がおかしくなってるんすよ」

「バカか。だからさー目の前からぱっと消えたって言ってんべ？　生きてる女だったら消えるわけねえじゃん。だべ？　目の前でいきなり消えるとか、ありえねえし」

「いや、だから、消えたのは女じゃなくって先輩の記憶のほうなんすよ。呑み過ぎれば記憶も途切れ途切れになるんですって。前にもあったじゃないっすか。呑み会のシメに俺とラーメン食いに行ったけど、次の日、覚えてなくて『財布の金が足んねえ！』とか連絡よこしてパニクってましたよね？　あの時の状況と多分、おんなじなんです」

「ちょー……マジかよ。なんで信じてくんねえかな。ラーメン事件の時とは全然状況がちげーし。ああもうマジうぜえ。そしたらもう一回、最初っから超丁寧に説明すっから、今度は先入観なしで聞いて。頼むよ、マジで」

　ぼやきを交えつつ、「先輩」と呼ばれる男のほうが、うんざりした様子で話を始めた。

　それは幽霊にまつわる話だった。少し前に仲間たちと深夜に心霊スポットを訪ねた際、「先輩」はその場にいるはずのない女の姿を見たのだという。

　要約すると以下のような流れとなる。

場所は森の中にある廃ペンション。昔、殺人事件があったとかで、殺された女の霊が出るとの噂があるらしい。先輩は仲間たち三人とつるんで、内部へ足を踏み入れた。

現地には仲間の運転する車で向かった。出発前から先輩は酒を呑んでいて、車中でも持参したストロング酎ハイを飲み続けていた。

やがて目的の廃ペンションに到着する。先輩はなおも酎ハイを呷(あお)りながら仲間たちの背を追い、千鳥足で古びた玄関をくぐった。

初めのうちは仲間が照らしつける懐中電灯の先に視線を向けながら歩いていたのだが、倒壊した家具やガラクタなどが見えるばかりで、面白くもなんともない。

見たいのは幽霊なんだと思いつつ、今度は暗闇の方々に目を凝らしながら歩いていく。

それからまもなくした頃、視界の端で何かがちらりと動くのを感じた。

反射的に振り向くと、ドアの開け放たれた部屋の中に、ピンク色のワンピースを着た女がぽつんと立っているのが見えた。

部屋は色濃い漆黒に押し包まれていたが、女の姿は太陽の下に佇んでいるかのごとく明々と浮きあがり、先輩の目にはっきりと映った。

「あっ」と声をあげた瞬間、女は電気が消えるかのようにぱっと姿を消したのだという。

それだよね？

「ピンク色のワンピースに、茶髪の巻き毛。結構かわいい感じの娘だった。顔も服装もばっちり覚えてる。でも消えた。一瞬で。そんなもんぜってー、幽霊に決まってんべ？酔ってたとか関係ねーし。だから俺は霊体験をしたんだよ。なあ、信じろっつの！」

先輩が真っ赤な顔で、後輩とおぼしきもうひとりの男に食い下がるが、後輩のほうは苦笑いを浮かべて「どうすかねえ……」と答えただけだった。

むしろ、彼の話は本当なのではないかと信じたのは、高崎さんのほうである。

最前から先輩の隣には、ピンク色のワンピースを着た女が座っていた。

髪型は茶髪の巻き毛。顔色は沈んで青ざめているが、可愛らしい顔立ちをしている。

先輩が語る、廃ペンションで消えた女の特徴と彼女の形質は、ぴたりと一致する。

先輩と後輩がテーブルを挟んで盛んに声を交わし合うなか、女のほうはずっと無言で先輩の顔を見つめ続けるばかりである。

のみならず先輩も後輩も、彼女の存在を意識している様子は微塵もない。

「本物」って、案外はっきり見えるものなんだな……。

女の姿を見ているうちにすっかり色を失った高崎さんは、オーダーしたハンバーグを大急ぎで平らげると、逃げるようにファミレスを飛びだしてきたそうである。

怖い話がいーっぱい！

大学生の海音（うみね）さんが、友人ふたりと山梨県の温泉旅館に泊まりにいった時の話。

日暮れ頃まで観光地を巡り、チェックインしたのは夜の七時過ぎのことだった。

割り当てられたのは、二十畳ほどの広々とした和室。古びた安い温泉旅館だったので、部屋の造りも少々くたびれた雰囲気を醸（かも）していたが、及第点といったところである。

さっそく温泉に浸（つ）かろうということになり、三人で支度を整え始めた時だった。

「ここにはぁ」

突然、部屋のどこからか、明るく弾んだ声が聞こえてきた。

「怖い話がいーっぱい！」

あどけない声音から察して、幼い女の子のものではないかと思った。

声はその場にいた全員がはっきりと聞いていた。思わずぎょっとなって身が竦む。

「ねえ聞いた？　どこから聞こえた？」という海音さんの問いかけに、友人のひとりが「多分あそこ！」と指差したのは、部屋の壁の頭上にある天袋だった。

「どうする？」と尋ねると、友人たちは怖じ怖じしつつも「開けてみよう」と答えた。

三人で壁際まで座卓を動かし、友人のひとりが上に乗って天袋の引き戸に手を掛ける。

だが、戸は釘か何かで打ちつけられているらしく、思うように開いてくれない。

それでも友人が思いきり力をこめて手を掛けると、ようやく引き戸は「すぱん！」と鋭い音を立てて全開になった。

続いて友人が「ぎゃっ！」と悲鳴をあげてテーブルから飛び降りる。

「なになに！」と声をかけるや、友人は「中！」と叫んで開け放たれた天袋を指差した。

恐る恐るテーブルに上って中を覗くと、小ぶりな仏壇が祀られているのが目に入った。

仏壇の奥には埃にまみれた位牌がひとつ、墓石のごとくひっそりと立てられている。

フロントへ向かって事情を説明すると、スタッフはすぐに別の部屋を手配してくれた。

だが、得体の知れない仏壇に関する詳細については何も語られることはなかった。

多大な不審感にもやもやしつつ、海音さんたちは新たに割り当てられた和室で一夜を明かすことになったのだという。

これ買って！

専業主婦の晴美（はるみ）さんから聞かせていただいた話である。

ある週末の昼下がり、彼女は五歳になる娘の琉々（るる）ちゃんを連れて、街場の衣料品店へ買い物に出掛けた。

入店してまもなくすると、琉々ちゃんが晴美さんと繋いでいた手をふいに振りほどき、売り場をたっと走りだした。「待って」と声をかけたのだけれど、琉々ちゃんは構わず店内の通路を駆けていく。

晴美さんも小走りでうしろを追っていくと、まもなく琉々ちゃんが立ち止まったのは、礼服コーナーの前だった。琉々ちゃんは、食い入るような視線でハンガーに掛けられた黒い子供用のワンピースをじっと見つめている。

「どうしたの？」と声をかけると、琉々ちゃんは礼服を指差し、「買って」と言った。

「これ、お葬式で着るお洋服なんだよ。いらないでしょう?」

噛んで含めるように言い聞かせても、琉々ちゃんは「欲しい。買って」と譲らない。

「ダメよ。お葬式に行く時になったら買ってあげる。今日はいらないの」

「いるもん！　買って！　これ、いるの！」

諭しているうちに琉々ちゃんは突如激昂し、わっと声をあげて泣きだしてしまった。

「ダメよ！　いらないの！　黒いのがいいなら、別のお洋服にしなさい！」

語気を強めて叱りつけても、まるで暖簾(のれん)に腕押しだった。

琉々ちゃんは泣き声をあげたまま売り場の床に寝転がり、四肢をばたばたさせながら「買って！　買って！」と連呼する。

娘の要望に晴美さんはとうとう根負けしてしまい、礼服を買って帰ることになる。

翌日の夕暮れ時、琉々ちゃんが通う幼稚園の友達が交通事故で亡くなった。

琉々ちゃんは真新しい黒のワンピースを着て、友達の葬儀に参列することになった。

押し戻し

会社員の香美さんが、数年前にこんな体験をしたと言って聞かせてくれた話である。

実家の近所に暮らす伯母が、長患いの末に亡くなった。

近しい身内の不幸とあって、香美さんも葬儀全般の手伝いをすることになる。

通夜の晩のことだった。

伯母の家の玄関口で香美さんが弔問客の受付をしていると、三十代とおぼしき女性がひとりでやって来た。身内の者ではなかったし、地元に暮らす住人でもなさそうだった。伯父か伯母の仕事関係に当たる人物ではないかと思う。

「このたびは御愁傷様でした」

深々と頭をさげる女性に挨拶を返し、「どうぞ」と中へ促す。

三和土に靴を脱いで揃え、女性が上り框の踏板から足を数歩進めた時だった。

女性の身体が突然、うしろのほうへぐっとさがり、身を仰け反らせながらぐらついた。何事かと思って様子をうかがっていると、彼女はまもなく体勢を立て直し、再び前へ向かって歩を踏みだした。とたんに身体がぐらつき、背後へ大きく仰け反ってしまう。なんだか視えざる何かに押し戻されているような印象を受けた。少し気味が悪くなる。

女性は果敢にも三度目の進行を試みたが、やはり結果は同じだった。

前から身体をぐっと押されたかのように背後へ身体を戻されてしまい、上がり框から先に進んでいくことができない。

その様子は、周囲にいた弔問客らも目にしていた。いずれも怪訝な色を浮かべている。当の女性自身も顔色を青くしてしまい、やおら踵を返すと「失礼します」とつぶやいて、逃げるような足取りで玄関口から出ていった。

それからかなりあとになって、親戚筋から件の女性の素性を知ることになった。

彼女は伯父が勤める会社の部下であり、同時に伯父の不倫相手でもあったのだという。

通夜の席にいけしゃあしゃあと顔をだした女性に対し、おそらくは亡くなった伯母が「ふざけるな」という気持ちで押し戻したのでないか？

そんな話がしばらくの間、身内の間で実(まこと)しやかに囁かれるようになったのだという。

引っ掻き傷

街場のアパートで独り暮らしをしている秀美さんの身に、こんなことがあったという。

ある朝目覚めると、背中にひりひりとした違和感を覚えた。

姿見を使って確かめてみたところ、背中のまんなか辺りに赤い蚯蚓腫れができていた。

どうやら引っ掻き傷のようだが、寝ている間に自分で掻いたものとは思えなかった。

背中に浮き出た腫れは、逆さになった五芒星の形を描いていたからである。

大きさは手のひらほど。

星を構成するいずれの線も、まるで定規で引いたかのようにまっすぐである。

腫れは数日程度で消えたのだけれど、ネットで調べた情報によれば、上下を逆にした五芒星というのは、悪魔崇拝を象徴するシンボルなのだという。

悪魔崇拝などまるで身に覚えのないことなので、秀美さんは首を捻るしかなかった。

仏頂面

宵の口、会社員の土守(つちもり)さんが自宅に向かって、いつもの住宅地を歩いていた時のこと。

そろそろ自宅が見え始めてくる頃、道の前方から妙な形をした人影が歩いてくるのが目に入った。背丈は低いのに、頭だけがやたらと大きい。

視線を凝らすとそれは、首から上が金色に輝く大仏の顔に変じた子供だった。

マスクでも被(かぶ)っているものかと思いながら歩みを進めていったのだが、互いの距離が数メートルまで狭まったところで、ふいに大仏の顔が消え失せ、元の子供の顔に戻った。

それは自宅の近所に暮らす、博之(ひろゆき)君という小学三年生の男の子だった。

「こんばんは」と声をかけると、博之君も何気ない素振りで挨拶を返してくる。

どうして大仏の顔に見えたのだろうと訝しみながら、土守さんは帰宅した。

翌日、博之君が近くの用水路で溺死したことを受け、理由が分かった気がしたという。

やむなく取り消し

そろそろ六十代を迎える禎子さんはその昔、他人を呪ったことがあるのだという。

三十年近く前のことだった。場所は地元の片隅に立つ、古びた小さな神社。

当時勤めていた会社の上司が気に食わず、少しばかり腹いせをしてやろうと思っての愚行だった。真夜中過ぎに自宅を抜けだし、歩いて神社へ向かった。

「呪う」といっても丑の刻参りのような本格的なものではなく、無人の拝殿に向かって「上司がとびっきり苦しみますように」と手を合わせるだけだった。

瞑目しつつ合掌し、憎悪のたけを思う存分吐き連ねると、わずかなりとも胸がすいて「ざまあみろ」とほくそ笑むことができた。効果が出るのを期待し、拝殿から踵を返す。

真っ暗な参道を進み始めると、前方に立つ鳥居の上に何かがいるのが見えた。

首を向けると鳥居の上に小さな子供が三人、横に並んでこちらを見おろしていた。

いずれも幼稚園児ぐらいの年頃で、牛若丸みたいな髪型と白い衣装に身を包んでいる。面差しは石のように冷たく強張り、子供とは思えない凄まじい威圧感を帯びた眼差しで禎子さんの顔を見つめていた。

たちまちぎくりとなって脚が強張り、前に進むことができなくなる。

代わりに再び踵を返すと拝殿の前まで駆け戻り、先刻願った呪いの件を心から詫びた。長々と謝罪の言葉を向けてから背後をそっと振り返ると、鳥居の上から子供たちの姿はひとり残らず消え失せていた。

歯の根をがちがち震わせながら鳥居の下をくぐり抜けて来て以来、二度と他人さまを呪おうなどとは思わなくなったそうである。

ガチバトル

『拝み屋備忘録』シリーズ第四作に当たる『怪談腹切り仏』は、ざっくり言い表すなら祖霊や仏壇、神仏などが絡む怪異を主題に据えた一冊だった。

もう少しだけ具体的に説明すると、とある著名人の不幸を願ってやまない中年女性が自家の仏壇に相手の不幸を願い続け、とんでもない事態を招いてしまうという話である。私自身も理不尽な巻き添えを喰らって、大層ひどい目に遭わされた。

いつものごとく、そうした要素にちなむ怪談を多数散りばめていく予定だったのだが、同書には表題作「腹切り仏」の他にもふたつ、長めの話が収録されている。

軽い気持ちで心霊スポットに侵入した心霊マニアの男を見舞う怪異「廃屋の映像」と、若い女性の相談客が、眼窩に目玉のない異様な女に悩まされる「アンノウン」の両話がそれに該当する。

「腹切り仏」を含め、いずれの話も「怪異が発生する」という一点を除いては方向性が違うため、全体に組み込む掌編の選別に悩まされる羽目になった。結果的には前述した祖霊や仏壇、神仏などにまつわる話は、数をかなり絞って収録することになる。「怖い話がいーっぱい！」から前話「やむなく取り消し」まで続いた六話は、その際に収録を見送った話である。こちらもようやく紹介することができた。

拝み屋という仕事柄、神仏にまつわる怪異というか奇妙な体験談も相当数あるのだが、それらを公に語ったことはほとんどない。おそらく今後も語り明かすことはないだろう。

理由は様々にあるが、いちばん大きいのは「怪談」という枠組みの中で紹介するのにふさわしくないと判じるがゆえである

本職の拝み屋が身近に神仏の存在を感じただの、奇跡の力に感動しただのという話は、怪談というよりはスピリチュアルや宗教めいた色合いが強く、どうにも好きになれない。わざわざ貴重なページを割いて紹介したい話もないため、自粛している次第である。

代わりに神仏が絡む実体験で、少々薄気味の悪い話だったら紹介してもよいかと思う。斯様な流れになったついでというわけでもないのだけれど、大して長い話でもないので、よければお付き合いいただければ幸いである。

私が二十代後半の頃だから、もうかれこれ十五年ほど前の話になろうか。

ある時、出張相談の仕事帰りに田舎町の小さな神社に立ち寄った。

狭い雑木林を挟んだ隣に個人経営の蕎麦屋が立っていて、私の目当ては神社ではなく、蕎麦屋のほうだった。仕事が終わったのがちょうど昼時で、腹が減っていたのである。

食事を終えて店を出ると、神社のほうから妙な声が聞こえてくることに気がついた。

「ごるる」「がうあう」というような、低くて荒い唸り声である。獣の発する声なのは明白だったが、犬ではなさそうだった。数は複数だということだけ分かる。

どうやら二匹の獣が神社の中で喧嘩をしているようだと思った。面白そうだったので鳥居をくぐり、境内に足を踏み入れる。

参道に立つと声は耳にますます大きく聞こえてきたが、目の前には拝殿があるだけで獣たちの姿は見えない。だが声は、境内の奥から聞こえてくると分かった。

忍び足で拝殿の裏手に回り、角からそっと首を伸ばして様子をうかがって見たところ、唸り声をあげていたのは、二匹の狛犬たちだった。

「ごるる」「がうあう」と声を張りあげながら、互いに身を絡めて噛みつき合っている。

身体は石造りのそれではなく、薄い灰色の体毛が生えた、滑らかな質感を帯びていた。

二匹の狛犬は筋肉質のがっしりとした四肢を巧みに動かしながら、地べたに倒れこんで盛んに組んず解れつしている。

動く狛犬を見るのは元より、激しく争う彼らの姿を目にするのも初めてのことだった。

一体、どうした理由で彼らは火花を散らし合っているのだろうと思う。

つかのま、度肝を抜かれた心地で見入っていたのだが、気づかれたらまずいと感じて再び忍び足で拝殿の前まで戻った。

参道の両脇には石の台座が一組置かれていたが、台座の上には何も乗っていなかった。

本来乗っかっているのはあいつらかと思いはしたのだけれど、果たして真相はいかに。

凄いものを見てしまったと興奮しながら、私は車に乗って神社をあとにした。


それから数年経って、またぞろ件の神社を覗く機会があった。

参道の両脇に並ぶ台座の上には、石造りの狛犬が二匹、無言で鎮座ましましていた。

やはり喧嘩をしていたのは、こいつらで間違いなさそうだと思い做した次第である。

再燃火

無類の怪談好きだという歌越(うたこし)さんから、こんな体験談を聞かせてもらった。

二年前の真夏、歌越さんは自宅に気の合う友人たちを集めて怪談会を催した。

本当は百物語がしたかったのだけれど、会に集まったのは歌越さんを含めて六名ほど。頭数は心許なく、時間も掛かり過ぎるため断念した。

代わりに雰囲気だけでも楽しもうと、蝋燭を使うことにする。

車座になった面子(めんつ)の輪の中に火のついた蝋燭を十本並べ、話を一話語り終えるごとに蝋燭の火も一本消していく。全ての火が消えたら、またつけ直して話を続けるのである。

怪談会は夜の八時頃から、電気を消した自宅の一室で始まった。

会に集ったいずれもが大の怪談好きということもあり、場は否が応にも盛りあがった。時間はあっというまに過ぎてゆき、気づけば深夜を大きく跨いでいた。

話のネタはまだまだ尽きなかったが、「そろそろ終わりにしよう」ということになる。

輪の中で火がついている蝋燭は三本。それらの火を全て消したら場を締めることにする。

友人たちが二話語り、蝋燭の火をふたつ消す。

最後に歌越さんがトリの一話を語って、残った蝋燭の火に向かって息を吹きかけた。

とたんに「ぼっ」と鈍い音がして、消えていた蝋燭の全てに火が灯った。

一同、悲鳴をあげて背後へ大きく仰け反ったのち、恐る恐る様子を検めてみたのだが、
どこをどのように調べても、消したはずの蝋燭に再び火が灯った理由は分からなかった。

些末なことと言われればそのとおりだが、さりとて理屈も通らぬ出来事である。

これが今のところ、歌越しさんが体験した唯一の怪異であるという。

確かな威力

夏江(なつえ)さんが仕事の転勤で、他県のマンションに引越した時のこと。
暮らし始めてまもなくした頃から、部屋の中で気味の悪い気配を感じるようになった。
具体的に何かを目にしたり、妙なことが起きたりすることはない。
だが夏江さんは、昔からこうした「目には見えない」方面に対して勘の鋭い人だった。
たとえ何も起こらずとも、間違いなくこの部屋に何かがいると思えてならない。
そこで昔から懇意にしている地元のベテラン神主に、電話で相談してみることにした。
話し合いの結果、神主は魔祓いの御札を郵送で送ってくれることになった。
数日後、無事に御札が手元に届く。
居間の壁に貼りつけてほしいとのことだったので、さっそく封筒から御札を取りだし、
両面テープを使って目星を付けた場所に貼る。

とたんに御札が真っ赤な炎に包まれ、めらめらと大きな火柱をあげて燃えだした。

夏江さんがぎくりとなって身を強張らせるさなか、御札はあっというまに燃え尽きる。

どす黒く染まった燃えカスは粉々に砕け、床の上へと降り散らばった。

すぐさま神主に連絡を入れると向こうもひどく驚いた様子だったが、まもなくすると気を取り直し、「もしかしたらこれで怪しい気配が収まったかもしれない」と言った。

確かに言われてみると、最前まで部屋の中に感じていた気配が消え失せている。

御札は部屋に住まう「視えざる何か」と相打ちになったのではないかと、神主は語る。

そんなこともあるのかと思ったが、その後も部屋の中で気配を感じることはなくなった。

結局、新たな転勤先が決まるまでのおよそ六年間、夏江さんは何事もなく平穏無事に、同じ部屋に暮らし続けることができたそうである。

顔面火

昭和五十年代の前半、宮原(みやはら)さんが小学生の頃にあったことだという。

真冬の深夜、自宅の近所で火災が発生した。

火の手があがったのは、カヨさんという年配女性が独りで暮らす一軒家だった。

家族と一緒に現場へ行ってみると、家の周囲にはすでに大勢の野次馬が集まっていた。

火勢は思っていたより激しく、屋根から巨大な火柱があがっている。

火柱の形は、カヨさんの顔によく似ていた。皺だらけの満面に苦悶の表情を浮かべたカヨさんの首から上が、家の屋根から夜空に向かって明々と噴きだし、揺らめいている。

そんなふうにしか見えなかった。火炎を見あげる他の野次馬たちも唖然としていた。

翌朝、消し止められた焼け跡から、全身真っ黒に焦げたカヨさんの遺体が見つかった。

出火原因は、隣町に住まう変質者による放火だったという。

ブランクファイア

こちらも出だしは昭和五十年代という話である。

やはり真冬のある晩、当時、高校受験を控えていた唯(ゆい)さんが自室で勉強をしていると、暗闇に染まった窓外に橙(だいだい)色の明かりがちらついているのが目に入った。

窓を開けて外の様子を見たところ、家の前から遠く離れた先に立つ民家が燃えていた。田んぼを隔てた場所に立つその家は、鈴木(すずき)さんという一家が暮らす家だった。

家は凄まじい勢いで燃えているというのに、消防車のサイレンの音が聞こえてこない。通報したほうがいいかと思い始めたとたん、目の前が真っ暗になって火が消えた。

ほんの一瞬の出来事だった。

その時は幻覚でも見たのだろうかと思っていたのだが、当時から三十年以上も経った平成二十年代の初め頃、件の家は今度こそ本当に火事に見舞われ、全焼してしまった。

尾籠ワープ

公認会計士の船尾さんが、これまで一度だけ体験した妙な話だという。

彼が小学二年生の時のことだった。

クラスの担任から、風邪で学校を休んでいる同級生に宿題を届けてほしいと頼まれた。

祐介君という男の子で、彼の家は小学校と船尾さんの自宅のちょうど中間地点にあった。

ふたつ返事で引き受ける。

放課後、祐介君の家へ赴くと、玄関口から彼の母親が出てきて迎えてくれた。

宿題を渡したらすぐに引きあげるつもりだったのだが、この日は腹の調子がおかしく、急に激しい便意を催してしまった。帰宅するまで我慢することができなそうだったので、恥を忍んでトイレを借りることにする。

家に入れてもらい、さっそくトイレに入って和式便器の上に跨った。

「はあ……」と息を漏らして目を閉じ、再び目蓋を開いた瞬間、ぎょっとなる。

いつのまにか船尾さんは、自宅のトイレの和式便器に跨っていた。

狼狽しながら視線を巡らせてみたが、やはり自分がいるのは間違いなく、使い慣れた自宅のトイレの中である。

わけが分からず用を足し終え、玄関口へ行ってみると、自分の靴が並んでいなかった。

靴は祐介君の家の玄関口にあったそうである。

ショートカット

赤木（あかぎ）さんは都内で会社員をしている、四十代の男性である。

そんな彼が、未だに忘れられない体験として語ってくれた話である。

赤木さんは中越地方の田舎町に生まれ、高校卒業までをこの町で過ごした。

小学三年生の頃だという。当時、赤木さんは徒歩で小学校に通っていた。

のどかな田園風景の一角に延びる細い田舎道が通学路で、学校まではおよそ二十分弱。

道筋に勾配は少なく、路面も平坦なため、ただ歩く分にはなんの苦にもならない。

けれども赤木さんは、朝がひどく苦手だった。

前の晩に早く床に就いても目覚めるのは大抵遅い。最低限の身支度を大慌てで済ませ、
朝食も食べずに家を出る。朝から死に物狂いで通学路を駆け、遅刻寸前で教室へ入るか、
完全遅刻で校門をくぐるというのが常だった。

来る日も来る日もこんな調子で登校するのは、心身共々、あまりに負担が大きかった。どうにか現状を打破したいとは思うのだけれど、目覚めが悪いのは体質的な問題らしく、寝坊は一向に改善される気配がなかった。

そうしたある日のことである。いつものごとく、遅刻寸前の時間に目覚めて通学路を走っていた時、赤木さんは予期せぬ打開策を見つける。

学校へ至る最後のほうの道筋は、角度のきついU字カーブになっていた。片側に雑木林が広がる道路を道なりに進んでいくと、カーブを折り返した向こう側に校舎が見えてくる。そこから校門に至るまでの時間は、およそ五分。

もしもカーブを曲がらず、雑木林の中をまっすぐ突っ切って道の向こうに出られれば、時間を大幅に短縮できるだろうと考えた。

ためしに放課後、学校側に面した道筋から雑木林の様子を探っていくと、鬱蒼(うっそう)とした樹々の間に砂利の敷かれた細い道筋が延びているのが見つかった。

道の上には下草が生い茂り、周囲の茂みと半ば同化しているため、一目した限りでは林の中に道が延びているようには見えない。だからこれまで近くを通ることがあっても、気づくことがなかったのだ。

旺盛に繁茂する背の高い雑草を両手で掻き分けながら進んでいくと、まもなく視界がぱっと開けて、目の前に古びた平屋建ての木造家屋が見えた。

家の正面側に面した掃き出し窓は、一枚残らず取り外されている。雨戸もない。掃き出し窓があった戸口からは幅の狭い廊下を挟んで、座敷とおぼしき部屋が見える。こちらも戸が外されて、家の中はがら空きになっていた。

家の内部を通して、向こう側の景色が見える。

周囲には灌木と雑草がどろどろと生い茂り、家は半ば雑木林の緑の中に埋もれていた。外壁を伝って裏側へ回るより、家の中を突っ切っていったほうが楽だと思う。

掃き出し窓の戸口からあがり、中へと足を踏み入れる。

何もない家だった。座敷と座敷を隔てる襖をはじめ、家じゅうの戸がなくなっている。家財道具も奥座敷の片隅に小さな箪笥がひとつあるだけで、他には何も見当たらない。

雨風にやられて白茶けた畳を踏みしめながら座敷の中を通り抜け、家の裏手に面した戸口から外へ出た。視線を凝らして様子をうかがうと、こちら側の茂みの中にも雑草に覆い隠された細い道筋を見つけることができた。ほどなく進んでいった先に見えたのは、件のU字カーブの反対側に位置する田舎道の光景である。

林の中に入って反対側に出るまでに掛かった時間は十分程度。

但し、雑草が生い茂る道の中を慎重な足取りで進んだことと、廃屋の様子をうかがう時間も加算されているので、実際はもっと短い時間で突っ切ることができるはずである。

おそらく二分もあれば十分だろうと思った。見事に時短できることになる。


翌朝からさっそく林の中のショートカットを試してみた。途中で廃屋の中を突っ切って進んでいくと、やはり二分程度で学校が立つ反対側の田舎道に到達することができた。

その日から赤木さんは、起床時間を早めることなく、余裕で登校できるようになった。

下草を掻き分けて進むのに初めのうちは手こずったが、いくらも経たないうちに慣れた。

毎朝あくせく走って学校へ向かうよりかは、はるかに楽な作業だった。

雑木林のショートカットを使い始めて、ふた月近くが経った頃のことである。

朝方、いつものように家を出て林の中へと分け入り、件の廃屋の中へ足を踏み入れた。

急ぎ足で家の向こう側へ抜けようとした時、視界の端に違和感を覚えてしまう。

反射的に振り向くと、奥座敷の隅(すみ)に置かれた箪笥の脇に人が座っているのが目に入る。

数は三人。いずれも体育座りの姿勢になって、こちらに身体の表を向けていた。

三人のうち、ふたりは身体の大きさから見て、おそらく大人だろうと思う。
残るひとりは背丈が小さく、赤木さんよりもだいぶ年下のように思えた。
三人はいずれも白い服を着ていて、頭の上から灰色に染まった大きな布を被っている。
顔は布に覆い隠され、仔細をうかがうことはできない。
彼らの姿を見た瞬間、背中に氷塊を詰めこまれたような悪寒が走り、悲鳴があがった。
とたんに三人がぞろりと一斉に立ちあがり、こちらへよろめきながら近づいてくる。
死に物狂いで家の中を飛びだすと、あとは脇目も振らず、林の中を駆け抜けた。
帰宅したのち、母にショートカットの件と廃屋で目撃したものについて打ち明けると、
あの家にまつわるとんでもない過去を聞かされた。
三十年近く前に農家の夫婦と幼い息子の三人家族が、家の中で死んでいるのだという。
以来、家は林の中に打ち捨てられ、誰も寄りつかないとのことだった。
母からの説明で赤井さんはこの時、「無理心中」という言葉を初めて知ったと語る。
その後は二度とショートカットを使うことはなかったそうである。

廃ワゴン

前話の赤木さんの体験と少し手触りの似た話をもう一話。

こちらは四方田(よもだ)さんという男性の体験談で、年頃も赤木さんと同年代だったと思う。

彼が小学五年生の時のこと。

毎日、学校から帰宅すると自室でテレビゲームばかりしている四方田さんを見咎めた父親が、怒ってゲーム機を隠してしまった。

「家の中でゲームなんかしてないで、子供だったら元気に外で遊べ！」などと怒鳴られ、その日から暗くなるまで家に入ることも禁じられる。

内気な性分で仲のいい友達がいなかった四方田さんは、学校が終わっても自宅以外に時間を潰せる場所がなかった。どうしようかとさまよい歩いているうちに見つけたのが、山の裾野に広がる空き地に置かれた、ボロボロのワゴン車だった。

灰色の車体に斑状の赤錆が浮いた車で、ボディの右側面には大きな凹みができていた。だが、中は割と綺麗な状態を保っていて、シートもそのままになっていた。

いちばんうしろのシートに座ったり寝そべったりしてみると、案外居心地がよかった。空き地の周りには木立ちと田畑が広がっているだけで、近くを人や車が通る気配もない。時間潰しには最適の場所だと思い、古びたワゴンを隠れ家に使うことにした。

翌日からランドセルの中に携帯ゲーム機や漫画本をこっそり忍ばせ、放課後になると日が暮れる頃までワゴン車の中に入り浸って過ごすようになった。

錆びついた鉄の臭いとオイルの臭いが薄っすら漂う車内は、思っていた以上に快適で、時には家に帰るのが億劫に思える時もあった。


そうしてワゴン車に通い始めて、ひと月近くが経った頃のことだった。

その日も平素のごとく、学校が終わるとすぐに空き地へ直行した。ワゴン車に入って初めのうちはゲームを楽しんでいたのだが、六時間目の体育の授業で疲れていたせいか、次第に眠気が差してくる。定位置にしているいちばんうしろのシートに背をもたれさせ、必死になって目蓋をこじ開けていたものの、いくらも経たず意識を失ってしまった。

再び目が覚めたのは右の耳元にふぅふぅとかかる、熱い吐息に気がついたからである。シートにもたれた右半身には、冷たく固い感触も伝わってくる。誰かが自分の身体に、半身をべたりと摺り寄せているのだった。

はっとなって目を開くと、顔じゅうを赤黒い血に染めた女がシートの隣に座っていた。女は鼻がなかった。鼻は丸めたティッシュのようにぐしゃりとひしゃげ、顔の中央に深々とめりこんでいる。それが息をするたび、剥きだしになった心臓を思わせる動きでどくどくと脈を打つように蠕動(ぜんどう)する。

四方田さんが金切り声を張りあげると、女はにっと口を広げて笑った。崩れた鍾乳石を思わせるボロボロに砕けた歯を見た瞬間、シートから尻が跳ねあがり、そのまま突かれたような勢いで車外へ飛びだした。

夕闇迫る空き地を走る背後から「までゃ来いよおぉ！　みゃでぁ来いよおぉぉ！」と女が叫ぶ声が聞こえてきたが、この日をもって隠れ家は破棄することになった。

その後は努力の末に気の合う友人を作り、放課後は彼の家で一緒にゲームをしながら過ごすようになったのだという。

件のワゴンはその昔、追突事故で若い女性が死んだ車だったらしいという話である。

垣間見る

以上、「再燃火」から「廃ワゴン」まで、火炎にまつわる怪異と子供時代に体験した怪異にまつわる六話を紹介してきた。

これらは当初、「拝み屋備忘録」シリーズの第五作『怪談火だるま乙女』に収録する予定だった話である。同書では、主題作である「火だるま乙女」の他に、二〇一八年の秋場に私が持病の膵炎(すいえん)で入院した際に病院内で見舞われた怪異を始め、退院するまでの経過も九編に分けて収録した。

「火だるま乙女」も前後編の二部構成で、それなりに頁数の嵩む中篇だったこともあり、主題の内容に合わせて同書に収録した「火炎」と「子供時代」にまつわる怪異の話数が、幾分控えめになってしまった。

その際に収録しきれなかった話を今回改めて紹介した次第である。

私の入院生活に関する話は、今後に続くシリーズの展開なども鑑みて「必要」と判じ、敢えて収録したのだけれど、一部の読者にとってはあくびの絶えない代物だったらしい。「この本は、著者の闘病日誌ですか?」「あなたの病状なんかどうでもいい」などというご批判も多分にいただいた。猛省すること頻りである。

親愛なる読者諸氏が拙著に求めているのは、あくまで「怖い話」なのだということを改めて肝に銘じ、今後はできうる限り、作中に余計な話は入れないようにと考えている。あるいは一切組み込まないかもしれない。

この場を借りてお詫びをさせていただくことで、ご甘受いただければ幸いである。

閑話休題。

火炎にまつわる実体験はないのだけれど、子供時代に奇妙な体験をしたという話ならたくさんある。本シリーズを始め、他社から既刊の拙著の中でもこれまで折に触れては様々なエピソードを紹介してきたが、前話からの流れに乗じて少しだけ語りたいと思う。

長年、拝み屋を営む私の来たし方としては、割と注視点になるかもしれない話ながら、これまでなかなか紹介の機会が得られなかった奇談である。

怖いかどうかの判断は個々の読者の心胆に任せるとして、まずは仔細を開示していく。

私が小学二年生の時だった。

夏休みのさなか、同じ地区に暮らす利松君という同級生の家へ遊びにいった。

居間で利松君とテレビゲームに興じていると、そのうち他の同級生も三人やってきて、みんなで仲良く遊ぶことになる。

初めは交代でゲームをしていたのだが、いくらも経たずに飽きてしまった。代わりに何をして遊ぼうかと相談し合った結果、かくれんぼをすることになる。

隠れる場所は、家の敷地内であればどこでもOK。割と広い庭を擁する家だったので、私は家の中ではなく、庭のどこかに隠れることにした。

じゃんけんで鬼になった利松君が居間の壁に顔を伏せ、カウントダウンを始めたのを見計らい、急ぎ足で玄関口を飛びだしていく。

どこに隠れようかと考えながら庭の中を歩いていると、母屋の裏手に瓦屋根がのった小さな建物を見つけた。造りから察するに、蔵ではないかと思う。

扉が開くならこの中がいいと判じ、建物の正面に向かって進んでいく。

観音開きになっている扉の取っ手に手を掛けると、扉は事もなく開いてくれた。

　半開きになった扉の隙間に顔を突っこんで中の様子を覗いて見ると、八畳ほどの狭い空間の奥側に、赤い布が敷かれた雛段(ひなだん)が設えられているのが目に入った。

　棚板の上には、水晶玉や火の灯った蝋燭が刺された燭台、大きな壺に活けられた仏花、香炉やお鈴などが整然と並べられている。何に使うものなのだろうと思った。

　身を隠せそうな場所はなかったし、なんだか少し気持ちも悪かったので扉を閉め直し、私は庭の片隅にある石燈籠の陰に隠れることにした。

　やがてかくれんぼが終わり、私は利松君に先ほど目にした雛段について尋ねてみた。

　すると利松君は怪訝な色を浮かべ、「うちにそんなものはないよ」と言いだす。

　何を言っているのだとこちらも怪訝に思い、「それなら来いよ」と母屋の裏へと誘う。

　結果、利松君の言ったとおりだった。

　母屋の裏には雛段はおろか、蔵とおぼしき建物さえも見当たらなかった。

　建物があったはずの場所には庭木が数本植えられ、何かが立っていた痕跡などもない。

「夢でも見たんじゃないのか？」などと言う利松君たちの言葉に反論することもできず、私はただ、その場で呆然とするよりなかった。

それから十年ほどの月日が過ぎ、私が高校二年生になった時のことである。

当時、私はスクーターで通学をしていた。高校は隣町にあり、周囲は田んぼばかりで特にこれといって目ぼしいものはない。

だが、スクーターで高校から十分ほど走った先にある街場には、たくさんの店が軒を連ねていたので、懐が暖かい時には学校が終わると寄り道することが多かった。

月日はもはや定かでないが、寒い季節のことである。

ある日の放課後、スクーターに乗って街場にある大きな本屋に向かった。

買い物を終えて店の前に停めていたスクーターに戻ると、ふいに背後から「おい」と声をかけられた。振り返れば、丸々と太った茶髪頭のヤンキーが私を見て笑っている。

カツアゲでもされるのかと思って身構えたのだが、彼の要求は金ではなかった。

「おいおめえ、悪ぃんだけど、ちょっとウチまで送ってってくんねえか?」

ヘラヘラ笑いながらヤンキーが語るには、いつも単車に荷ケツをさせて送ってくれる仲間がいるのだが、今日はそいつが学校をさぼっているため、足がないとのことだった。

理不尽な申し出だったし、そもそもスクーターに二人乗りは道路交通法違反に当たる。応じられるわけがないだろうと思った。

しかし、相手はガタイのよろしい強面（こわもて）である。下手に断れば何をされるか分からない。仕方なく「いいよ」と応え、スクーターのうしろにデブのヤンキーを乗せることにした。背中越しに道案内を受けつつ向かった彼の家は、街場から少し離れた山の麓にあった。小さな田畑が広がる風景に民家が点在する、いかにも田舎的な雰囲気の集落である。

送り届けたらすぐに退散するつもりだったのだが、ヤンキー宅の敷地にスクーターを入れて停めるなり、「おめえ、ちょっと寄ってけよ」と言われてしまう。

目の前には平屋建ての母屋が見えたが、ヤンキーの部屋は母屋の斜め向かい側にある四角い木小屋のような建物だった。見ると小屋の側壁に嵌められた窓ガラスが一枚破け、小ぶりなブラウン管テレビが外に向かって放りだされている。

「夜中にＡＶ観てたらよお、酔っ払った親父がブチ切れてブン投げやがったんだよ」

ヘラヘラ笑いながら平然とした様子でヤンキーが言う。

中は六帖もないような板張りの狭い小部屋だった。壁には自前のバイクもないくせに「全国制覇　東北狂走連合　爆音天使」などと刺繍された掲揚旗が貼りつけられている。

「今ちょっと、ジュース持ってくっからよ。エロ本見ながら待ってろや」

ベッドの下から取りだしたエロ本を私によこすと、ヤンキーは小屋から出ていった。

それから十分ほど、言われたとおりにエロ本を眺めながら待っていた。

しかし、ヤンキーは一向に戻ってくる気配がない。

さらに十分近く待っても、彼は小屋に戻ってこなかった。

おそらく母屋に向かって行ったのだろうが、たかだかジュースを持ってくるくらいの用件に何をそんなに手こずっているのかと思う。

外はそろそろ日が陰り始め、夕暮れ時を迎えようとしていた。ジュースはいらないし、私のほうこそ早く家に帰りたかった。荷物をまとめて小屋を出る。

黙って帰ってもよかったのだが、一応声をかけていこうと思い、母屋の前に向かった。

玄関戸を開け、「すみません」と声をかける。

ヤンキーからの応答はなかった。代わりに家の奥から女の声で「どうぞ」と返された。

もう一度「すみません」と呼びかけると、向こうも「どうぞ」と呼びかけてくる。

声は玄関口から左手に面して延びる、廊下のほうから聞こえた。どん詰まりに見える、障子戸に閉ざされた部屋からではないかと思う。

「ごめんください」と声をかけ、廊下を奥へ向かって進んでいく。部屋の前まで至るともう一度「失礼します」と呼びかけて、障子（しょうじ）戸の片側を薄く開いた。

畳敷きになった部屋の奥には、赤い布が敷かれた雛段が設えられている。棚板の上には、水晶玉や火の灯った蝋燭が刺された燭台、大きな壺に活けられた仏花、菓子や果物が盛られた高坏、古びたお鈴などが整然と並べられている。

雛段の前には、黒髪をうしろで丸く結った白い着物姿の女がいた。女は斜めに身体を傾けながら畳の上にぺたりと座り、こちらに背中を向けている。

女のうしろ姿を目にした瞬間、なぜだか背筋がぞくりとなって膝（ひざ）が笑いだしてしまう。

そこへ女が、くるりとこちらを振り向いた。

兎（うさぎ）のように真っ赤な目をした、異様な顔立ちの女だった。肌は血の気が引いて薄白く、目蓋（まぶた）の上には眉毛がない。笑みを浮かべた口元からは、黒々と染まる歯が覗いていた。

とっさに障子戸を閉め直し、跳ねるような勢いで身を退ける。すると閉めた障子戸が向こう側から「ぱん！」と鋭い音を立てて開け放たれた。悲鳴をあげて身構える。

静寂。

慄きながら前方を見やると、部屋の中には床の間と押入れらしき襖があるだけだった。女も雛段も、室内から忽然と消え失せていた。

急ぎ足で玄関口から飛びだすと、私はスクーターに乗ってヤンキー宅をあとにした。

以来、街場で再び同じヤンキーに出くわすことはなかったし、彼の家を訪ねることも二度となかった。自分は一体、あの家で何を見たのだろうと思う。

小学時代の体験に続き、他人の家で得体の知れない雛段を二度も目撃している私だが、実は今でも同じ雛段は、毎日目にしながら暮らしている。

私の仕事場に設えている祭壇がそれである。

二度目の雛段事件からおよそ六年後、二十三歳の時に私は拝み屋の仕事を始めた。開業に当たり、師匠筋の人物から祭壇の構えについてアドバイスを受けたのだけれど、その際に師匠は「敷き布は赤い色がいいだろう」と教示した。

言われるままに赤い布を敷いて祭壇を装ったものの、棚板の各段に諸々の仕事道具や飾り物を並べ終えた祭壇を見て、なんとも奇妙な思いに駆られてしまう。

師匠から譲り受けた大きな水晶玉を棚板の最上段に配置した私の祭壇は、少年時代に二度目撃した、あの雛段とほとんど同じものに思えてならなかった。

拝み屋という仕事において、祭壇に掛ける布の色には特にこれといった決まりはない。師匠の祭壇には白い布が掛けられているし、知人の拝み屋の祭壇は紫色である。

件の雛段の件については師匠に話していなかったし、師匠と親交の深い共通の知人や家族にも伝えていないはずだった。

単なる偶然と思えばそれまでなのだが、代わりに当時の私は赤い布に彩られた祭壇をまじまじと見ながら、「こうなる運命だったのかな」と思ってしまったものである。

決して始めたくて始めた仕事ではないにせよ、自分は拝み屋になる運命だったのだと。

過去に二度も目にした赤い雛段は、私の将来を暗示する先触れだったのではないかと、そんなふうに思えてならなかった。

だからというわけでもないのだが、私が仕事で使う祭壇は、開業から二十年近く経つ今現在に至るまで、ずっと赤い布を掛け続けたままである。

いたもんね？

　数年前のゴールデンウイーク、利津香さんは大学時代の友人たち数名と予定を合わせ、鬼怒川の温泉旅館へ泊まりに出掛けた。

　夕飯後、部屋で酒盛りをしながらおしゃべりに興じているうち、話の方向がしだいに幽霊や怪奇現象にまつわるものになっていった。

　利津香さんを始め、いずれの友人も怖がりなのだが、こうした話題が嫌いなクチでもなかったので、いつしか夢中で語り合ってしまう。ようやく布団に入ったのは、深夜を少し回る頃だった。

「ねえねえ、さっきまでの話でさ、いちばん怖かった話ってなんだろうね？」

　布団の中から利津香さんが尋ねると、友人たちは口を揃えて、尚江さんという友人の語った話が怖かったと答えた。仏壇の中から出てくる、青白い女の顔の話である。

いたもんね？

利津香さんも同感だった。あれは確かに怖い話だった。思いだしただけでも二の腕に鳥肌が立ってくる。

だが、記憶をたどるうちに「あれ？」となって、首を捻ることになった。

尚江さんは旅行の数日前に風邪を引いてしまい、家で寝込んでいるはずだった。

「絶対いたよね……？」という問い掛けに、友人たちもみるみる顔を蒼ざめさせながら「うん、いた……」と答える。

尚江さんはみんなと酒を酌み交わしながら、楽しそうな面持ちで怖い話を語っていた。彼女はその場に絶対いたし、語った話もしっかり覚えていた。

夜中だったが不安になってきて、尚江さんに電話を入れてみた。通話に応じた彼女は眠たい声で「どうしたの？」と尋ねてくる。事情を打ち明けると「ありえないから」と返された。今日も家でずっと寝込んでいたのだという。

言われてみれば昼間、利津香さんは尚江さんとＬＩＮＥでやりとりをしていた。

仏壇から出てくる女の顔の話についても、「知らない」とのことだった。尚江さんの実体験という前置きで聞かされた話だったが、そんな体験などした覚えはないという。

結局その晩、利津香さんたちは得体の知れない気持ちを抱えながら眠ることになった。

不明の話

続いて紹介するのは件の温泉旅行の晩、尚江さんが語ったという話である。
と言っても本人は「身に覚えがない」と語っているため、厳密には彼女の話ではない。
彼女と同じ姿をした「何者か」が語った話となる。

「尚江さん」が小学三年生の時に体験した話だという。時節は夏休みのことだった。
昼間、ひとりで自宅の居間にいると、襖を隔てた隣の仏間から人の声が聞こえてきた。
掠れた小さな声音で囁くように「まうまう」とか「あろおん……あろおん……」とか、
言葉にならない声を繰り返している。
気のせいではなかった。声は確かに聞こえてくる。女が発する声ではないかと感じた。
耳を澄ますと、ますますはっきり聞こえてくる。

家人は誰もいないはずなのに、誰だろうと思った。少し怖かったけれど気にもなって、襖をそっと開けてみる。

誰もいない。仏間には、母と祖母が設えた精霊棚と仏壇があるばかりである。

襖を開けたとたん、声もぴたりと止んでしまった。

仏間の中へ入って耳を欹ててみたが、声は少しも聞こえてこない。

おかしいなと思いながら居間のほうへ踵を返した時だった。

背後で再び「まうんまうん……」と掠れた声が聞こえてきた。

はっとして振り返ると、仏壇の中から顔色が月面のように蒼ざめた薄気味の悪い女が首だけぬっと突きだし、尚江さんの顔を見つめていた。

金切り声をあげると、尚江さんはその場に倒れて意識を失ってしまったのだという。

温泉旅行の晩、利津香さんたちはこうした話を、本来ならばその場にいるはずのない「尚江さん」の口から事細やかに語り聞かせてもらったのだという。

語り手である本人の正体が不明だったのと同じく、この話の真贋（しんがん）についても今もって分からないままであるという。

落とし前

「恥を忍んで話すんですが……」

伏し目がちに前置きしたうえで、会社員の舞耶(まや)さんが語ってくれた話である。

数年前の一時期、彼女はネット上で特定の人物を相手に誹謗中傷を繰り返していた。

相手はルミナという名の動画配信者。年代は二十代の前半頃とおぼしい。

彼女は定期的にゲームの実況動画を配信していて、そこそこの人気を誇っていた。

舞耶さんも以前はゲームの実況動画を配信していたのだけれど、再生数は常にわずか。

その割にコメント欄には「ブス」だの「死ね」だのという書き込みがたびたび入るので、
開設から一年も経たずにチャンネルを閉じてしまった。

それに対してルミナのほうは固定ファンが多く、毎回高い再生数をキープをしていた。

コメント欄に悪口が書きこまれるようなことも滅多にない。

この差はなんなのだろうと考えた結果、答えは「見た目」ということで落ち着いた。ルミナは猫のように大きく丸い目が印象的な美人で、服装も常に男受けのよさそうな可愛いものばかりを選んで動画に登場していた。声色もアニメ調でいかにもあざとい。舞耶さんの目から見れば、単なる「いけ好かないビッチ」にしか映らなかった。

そんなルミナがちやほやされるのが面白くなかったので、灸を据えてやることにした。手始めに動画のコメント欄に「頭が悪そう」「整形美人」などと書き込んでみたところ、本人からのリアクションはなかったが、思っていた以上に胸がすいて快感を覚えた。

味を占めた舞耶さんは、その日からルミナの動画に対して手当たり次第に誹謗中傷のコメントを続けるようになってゆく。

彼女の取り巻きどもから「いい加減にしろよ！」などとコメントが入ることあったが、全て無視したうえでルミナを詰る書き込みの数と頻度をさらに増やした。注意するのは逆効果と悟ったらしい取り巻きどもは、次第に舞耶さんを無視するようになっていった。

舞耶さんの誹謗中傷に対し、当のルミナもコメント欄でこそ無視を決めこんでいたが、新たに配信される動画を見ると、笑みを浮かべる面差しや声音になんとなく憔悴の色が滲んでいるような印象を受けることはあった。そんな様を見るのもまた、楽しかった。

悪意の漲る舞耶さんの書き込みは、尽きることなく何ヶ月にもわたって続けられた。内容自体もどんどんエスカレートしてゆき、まともな相手に向けたら確実にメンタルが壊れるような苛烈なものへと変貌していった。


ルミナへの誹謗中傷を始めて、半年余りが過ぎた頃のことである。

とうとう彼女本人からコメント欄に返信が入った。

「今までずっと我慢してきましたが、限界です。お願いだから、もうやめてください」

短く簡素な書き込みだったが、それを見つけた取り巻きどもがすぐさま結託しあって援護射撃を始めたので、舞耶さんに向けられる非難の言葉は何十倍にも膨れあがった。

自分が動画を配信していた頃、匿名の心ない輩からひどいコメントをもらった時には、味方をしてくれる者など誰もいなかった。この差は一体、なんなのかと思う。

頭に来たので「お前ら、全員死ね。女も含めて生きてる価値なし」と返事を書き捨て、この日はひとまず退散した。ルミナがずっと「我慢」してきたことがはっきりしたので、今後はさらに彼女の心を抉るようなコメントを書き連ねていくつもりだった。

翌日の晩、仕事を終えた帰り道のことである。

通勤路に使っている郊外の県道を車で走っていると、運転席の背後からふいに生白い手のひらがふたつ伸びてきて、両目をぱっと塞がれた。

悲鳴をあげてブレーキを踏もうとしたが、逆にアクセルペダルをベタ踏みしてしまい、車は道端に立つ民家のブロック塀に激突した。

車はフロントが完全に潰れて大破。舞耶さん自身も両脚の骨を折る大怪我を負った。全治二ヶ月。退院後も懸命にリハビリを続けたのだが、事故から数年経った今現在も杖がないとまともに歩くことができない。

取り返しのつかない事故に見舞われて以来、ルミナに対する誹謗中傷は綺麗さっぱりやめたとのことだった。運転中に自分の目を塞いだのは、ルミナで間違いないだろうと舞耶さんは語って、やはり伏し目がちに話を結んだ。

キリンの写真

美容師の長峰（ながみね）さんがその昔、専門学生時代に使い捨てカメラで撮影した妙な写真。

休み時間に校内の教室で同級生の女子を撮影したものなのだが、椅子に腰掛けながらこちらに目線を向けて笑う彼女の首が、異様に長い。まるでキリンのようである。

写真を見せた同級生の中には「手振れが原因じゃないのか？」と言う者もいたのだが、原因は判然としなかった。

首が伸びて写った女子に見せると「気持ち悪い！」と顔をしかめられ、フィルムごと写真を処分するように言われたが、珍しいので手元に残しておくことにした。

専門学校の卒業から十年余りが経ったある時、たまたま街で会った当時の同級生から、例の彼女が数年前に自宅で首を吊って亡くなっていたことを知った。

それを機にようやくフィルムを含め、写真を処分する気になったそうである。

密かに死んでた

「別に幽霊が出てくるとか、心霊現象とかにまつわる話でもないんですけど、個人的に物凄くショックだったことがあるんです。聞いていただけますか……?」

そう言って、可乃子(かのこ)さんが暗い面持ちで語ってくれた話である。


今から七年ほど前、可乃子さんが社会人になってしばらくした頃だという。

ある日突然、彼女の三つ年上の兄が亡くなった。

死因は自殺。自室で首を括って亡くなっていたと、実家の母から聞かされた。

兄は高校時代に同級生らから虐(いじ)めを受けたことが原因で不登校となり、ほどなく中退。

以後は就職することもなく、実家の自室に引き籠る暮らしを続けていた。

大して仲のいい兄妹ではなかったが、訃報が届いた時はさすがに動揺を隠せなかった。

遺書は見つからなかったという。けれども、日頃から兄の様子をうかがっていた母は、遅かれ早かれ、こうなる日が来るのではないか。そんな予感はあったのだと語った。

葬儀は近しい身内だけでしめやかにおこなわれた。

やがて四十九日も過ぎ、一段落した頃のことである。

母から遺品整理の手伝いをしてほしいとの連絡を受け、可乃子さんは実家へ向かった。

兄の自室は、アニメのフィギュアやＤＶＤ、漫画など、雑多な私物で溢れ返っていた。

母と手分けして、それらを片っ端から段ボール箱に詰めこんでいく。

作業は捗り、小一時間ほどで部屋の中の私物は、ほとんど綺麗に取り払われていった。

残すは押入れの中にある荷物だけ。襖を開けて中にある物を次々と外へ出していく。

押入れの中にあったのは、古びた段ボール箱と衣装ケースが大半だった。確認のため、取りだした順からひとつひとつ蓋を開け、中身を検めていく。

こちらも古びたフィギュアや漫画などがほとんどだった。他はガラクタばかりである。

押入れの奥のほうには、とびきり大きな段ボール箱があった。手にしてみると妙に重い。

母とふたりでどうにか引っ張りだして、蓋を開けて中を覗く。

とたんに母娘で「ひっ！」と声をあげることになった。

箱の中には、大きな遺影額がみっしりと詰められていた。

額に収められているのは、喪服姿で写る可乃子さんの白黒写真である。

どの額にも同じ写真が入っていた。胸元まで写る喪服の部分は合成だったが、顔から首元にかけては、高校の卒業アルバムに掲載された可乃子さんの顔写真が使われていた。

おそらくはPCの画像ソフトを用いて作った物なのだろうが、どうした目的があってこんな物を大量に作ったのかは分からなかった。

気味の悪い遺影はその日のうちに処分したのだけれど、心に受けたショックは大きく、未だに兄の位牌にはまともな気持ちで手を合わせることができないのだという。

素性不明

こちらも写真にまつわる話である。

曽合（そごう）さんという、宮城で畜産農家をしている方から聞かせていただいた。

東日本大震災の時だという。

この日、曽合さんは自宅の横手に面した牛舎で作業をしている最中、揺れに襲われた。

慌てて牛舎の外へ出ると、母屋の玄関から妻と母も血相を変えて飛びだしてくる。

すっかり揺れが収まったのを見計らい、母屋に入って被害の様子をうかがったところ、家じゅうの家具が悉（ことごと）く引っくり返る、ひどい有り様になっていた。

溜め息を漏らしながら肩を落としていると、老いた母が「もしかしたら仏壇の灯明がつけっぱなしだったかもしれない」と言いだした。

地震のうえ、さらには火事になったら目も当てられない。様子を見にいくことにする。

滅茶苦茶になった家の中へ慎重に歩を進め、仏間に通じる襖を開けると、部屋の隅に黒い喪服姿の女が立っていた。満面が土気色に染まる、見たことのない若い女である。曽合さんが驚いて声をあげたとたん、女はこちらに視線を向け、霧が散りゆくように姿を消した。

女が立っていた足元には、長押（なげし）から落ちてきた父の遺影が、表を上にして倒れていた。ガラスは粉々に砕け散り、写真が剥きだしになっている。

屈みこんで額ごと遺影を手に取ると、裏蓋が外れて畳の上に何かがはらりと落ちた。父の遺影と同じサイズの白黒写真だった。

印画紙の中には、先ほど目にしたあの女が喪服姿で写っていた。

その後、妻と母に事情を説明して写真も見せたのだが、やはりふたりともこんな女は知らないとのことだった。

震災の混乱が落ち着いた頃、菩提寺の住職に写真を見せても、やはり知らないという。身内の誰に尋ねても、女の素性が判明することはなかった。

写真は結局、住職に頼んで処分してもらったそうである。

定めとおぼしき

「拝み屋備忘録」シリーズの六作目にして、本書の前著にも当たる『鬼念の黒巫女』は、主に生霊絡みの怪異や、写真にまつわる奇怪な話を前面に押しだす一冊となった。

同書も『火だるま乙女』と同じく、私自身の病状やのっぴきならない近況についての話題を随所に散りばめたゆえ、読者からの評判はあまり芳しくなかったように思う。

やはり同じく「あなたの病気の話なんかどうでもいい」というご意見をいただいたし、それに加えて「怪談本に説教くさい話なんか求めていない」というご意見もいただいた。

斯様な意図はなかったのだけれど、読者に不快な思いをさせてしまったのは事実である。

こちらの件に関してもこの場を借りて、心よりお詫び申しあげる。

などと、わざとらしくへりくだってみる。

互いに言葉選びというのは大事なものである。間違えると単なる悪口になってしまう。

気づけば頁数もだいぶ押してきて、本書で紹介できる怖い話も残り少なくなってきた。

陳謝の証として、与えられたページの中で可能な限りの恐怖を表出していきたいと思う。

いかほどの成果となるかは未知数ながら、少なくとも意気込みだけは本気である。

それだけはどうかご理解いただきたい。


まずは私自身の話である。

二〇一七年十一月初旬、ちょうど『ゆきこの化け物』で紹介した最後の話が終わって、まもない頃のことだった。

昼間、仕事場に籠って御守りを作っていたのだが、前の晩に寝るのが遅かったせいでそのうちだんだんと眠気がひどくなってきた。

御守りは、急いで作らなければならない物ではなかったので、昼寝をすることにする。

座卓の脇に身を横たえ、座椅子を枕代わりにして目を閉じた。

横になると意識はすぐに遠のき始め、あっというまに眠りに落ちた。平素は寝付きがあまりよくない私としては、それは理想的な入眠だった。

眠り始めてしばらく経った頃である。ふいに妙な気配を感じて意識が引き戻される。

目蓋を開くと、仰向けに寝ていた私の顔を、妻の真弓が逆さになって覗きこんでいた。

距離はほとんど目と鼻の先。顔色は鬱血したように薄黒く、まるで死人のようだった。

目玉もどろんと沈んで生気に乏しい。

思わず悲鳴をあげて飛び起きると、真弓の姿はなくなっていた。

仕事場を抜けだし、居間のほうへ行ってみたが、こちらにも妻の姿はない。台所も空。

名前を呼んでも声は返ってこない。

玄関を開けて外の様子を覗き見ると、車庫に車がなかった。電話を掛けてみたところ、
真弓はすぐに応じて「買い物に出ている」と応えた。地元のスーパーにいるのだという。

先刻の件が脳裏に蘇り、なんとも嫌な予感を抱いてしまう。

事情は語らず、くれぐれも帰りの運転は気をつけてほしいとだけ伝え、通話を終えた。

一時間ほどで真弓は無事に戻ってきたので、どうにか安心することができた。

少なくともこの時は。

既刊をお読みになっている方はすでにご存じと思うが、斯様な一件があったふた月後、
翌年の一月に真弓は完治が困難とされる重い病を患い、臥せることになってしまった。

その翌月には私自身も特殊な膵炎を患っていることが判明し、今現在も闘病中である。

怪異と言っても些末な出来事だったし、やたらと結びつけて考えたくなどないのだが、のちになって当時の流れを俯瞰した時、やはり異様な顔色で私を覗きこんでいた真弓は、今へと至る先触れだったのではないかと思う節はある。

しかし、仮に事実がそうであったとしてもだ。のちに私たち夫婦を見舞うことになる災禍を先んじて読み取り、無事に回避できたかどうかと言えば甚だ怪しいものがある。拝み屋という仕事は決して万能ではないし、私が有するいわゆる「霊感」もまた然り。それに加えて「怪異」というのも文字通り、単に「怪しい出来事」を指す言葉に過ぎず、奇跡や福音を意味するものではない。

二〇一七年の十一月初旬、私が仕事場で目にした妻の怪異とその後の流れに繋がりがあろうとなかろうと、やはり運命は変えられなかったのではないかと思う。

夫婦共々すっかり身体を壊して以来、この世でいちばん怖いのは幽霊や祟りではなく、かと言ってこうした話題の際によく出る「生身の人」でもないと私は思っている。

いちばん怖いのは、決して抗うことのできない定めなのだ。

何しろ運命を相手に対抗できる手段など、我々は何ひとつ持ち得ていないのだから。

廻るセーラー

栗津さんという、福島県で算盤教室をしている方から聞かせていただいた話である。

昭和四十年代の終わり頃、栗津さんが高校時代のことだという。

二年生になった夏場、栗津さんのクラスは理科の授業で課外教室をすることになった。

隣町にある自然公園に赴き、現地で見かけた動植物についての所感やスケッチなどをノートに記録していくというものである。五時間目と六時間目の枠を使っておこなわれ、実質的には息抜きのような授業だった。

午後にバスを使って自然公園に着くと、クラスの面々は単独で園内の散策を始めたり、仲の良い友人同士でグループを作ったりしながら、好みのスタイルで記録を始めた。

栗津さんは誰にも邪魔されず、静かに行動したかったので、独りで園内を歩き始める。作業は捗り、夢中になってノートに記録を書き進めていくことができた。

課外教室が始まり、一時間ほど経った頃のことである。

公園の外れに広がる森の中の小道を歩いていると、木立ちの中から女子たちの歌声が聞こえてきた。『かごめかごめ』を唄っている。

不審に思って藪を掻き分け、樹々の中へ入っていくと、白い夏用のセーラー服を着たクラスの女子たちが五人、丈高い藪の中で歌を唄いながら手を繋ぎ合って廻っていた。

「何してんだよ」と声をかけても返事はない。笑みを浮かべて一心不乱に廻り続ける。

「おい！」と声を張りあげ、ひとりの肩を掴んだところで、ようやく全員が我に返った。

女子たちは「え？　え？」と素っ頓狂な声をあげ、それから手を繋ぎ合って作られた輪の中の地面にあるものを見るなり、凄まじい悲鳴を発した。

土草にまみれた彼女たちの靴先にあったのは、飴色に干乾びた赤ん坊の死骸だった。

のちになって赤ん坊の母親は、地元に暮らす若い女だと分かった。育児ノイローゼに陥った末に神経を患い、我が子を絞め殺して森の中に遺棄したのだという。

遺体を囲んで『かごめかごめ』を唄っていた女子たちは、なぜそんなことをしたのか、一切覚えていないと証言した。粟津さんに声をかけられるまでの記憶がないのだという。

母親は逮捕され、女子たちはいずれもしばらく心を病んでしまったという話である。

再来の再発

デザイン関係の仕事をしている千鳥（ちどり）さんの体験である。

彼女は五年ほど前まで、とある街場の郊外に立つ借家に暮らしていた。

住宅地の中に位置する二階建ての文化住宅で、築年数は五十年余りと古いのだけれど、一応は戸建てのため、家賃はそれなりに高い。

しかし、彼女はこの家を友人の美由（みゆ）さんと一緒に借り、家賃を折半して暮らしていた。

美由さんとは中学時代からの古い付き合いで、互いに妙な気兼ねをすることもなかった。

ふたりの生活は概ね順調というべきものだった。

借家に暮らし始めて二年ほど経った、秋口のことである。

その日、千鳥さんは夜の七時半過ぎに帰宅した。美由さんのほうは先に帰宅していて、玄関口の横手に面した居間でテレビを観ていた。

廊下の戸口から「ただいま」と声をかけると、一拍置いて「おかえり」と返ってくる。視線はテレビの画面に向けられ、こちらを振り向くことはなかった。

テレビでは昭和時代に制作されたとおぼしき、古めかしい感じのドラマが流れている。美由さんはテレビの前にぺたんと座り、夢中になってドラマを観ているようだった。

せっかく楽しんでいるのを邪魔するのも悪いかと思い、さらに声をかけるのはよした。夕飯の前に着替えをすべく、二階の自室にあがっていく。

着替えを済ませ、再び階下へおりようとしていた時だった。

突然、うしろから髪の毛を引っ張られ、危うく倒れそうになった。

思わず声をあげて振り返ったが、背後に人の姿はない。固く閉ざされた部屋のドアがあるだけである。だが、気のせいではなかった。髪には強く引かれた感触が残っている。

そこへスマホの着信音が鳴った。発信主は美由さんである。

「なんだろう？」と思いつつも通話に応じる。

「もしもし、千鳥？　大丈夫？」

スマホを耳に当てるなり、焦りを孕(はら)んだ美由さんの鋭い声が聞こえてきた。

「何、どうしたの？　別に大丈夫だけど。だってさっき『ただいま』って言ったよね」

「それ、違う。わたしじゃない。見た目は同じだけど、居間にいるのはわたしじゃない。気づかれないように今すぐ逃げて」

「え？　え？　ちょっと言ってる意味が分かんない。どういうことよ？」

尋ねたのだけれど、電話はそこでぷつりと切れた。

階下へおり、居間の戸口へ行っていると、美由さんは相変わらずこちらに背中を向け、黙ってテレビを見続けている。

「ねえ。今の電話、なんなの？　わたし、こういう話、苦手だって知ってるよね？」

声をかけると美由さんは、機械のようにぎこちない動きでこちらに首を振り向けた。顔に表情はない。能面を思わせる冷たく強張った面差しで、千鳥さんのほうを仰ぎ見る。

目にした瞬間「あ、違う」と直感し、たちまち膝が笑いだす。

テレビの前にぺたんと座る若い女。顔の造り自体は、確かに美由さんと瓜二つである。だが、これは絶対に自分の友人ではない。生気に乏しい顔の様子からして異様だったが、両目に感じる光は針のように鋭く、獲物を狙う蜥蜴のそれを彷彿させるものだった。

彼女は千鳥さんの呼びかけに応じて振り向いたが、言葉を返してくることはなかった。黙ってこちらをじっと見つめるばかりである。

「まあいいや。邪魔してごめんね。なんでもない」

作り笑いを浮かべて後ずさり、震える足を玄関口のほうへ進ませる。

三和土に視線を落とすと、美由さんの靴が並んでいなかった。先ほど帰宅した時には気にも留めなかったのだけれど、思い返せば、初めからなかったのではないかと思う。

身体の震えはますます強くなり、鼓動も暴れるように速まりだした。わななきながら膝を折り、自分の靴に向かって指を伸ばす。

そこへ背後から「ぽん」と肩に手をのせられた。

振り返ると、美由さんの顔をした誰かがこちらを見おろし、薄笑いを浮かべていた。

悲鳴をあげた瞬間、肩に置かれた手がぎゅっと縮まり、指先が肌に深々と喰いこむ。

とっさに振りほどこうとしたのだが、もう一方の手で二の腕をきつく掴まれてしまい、逃げだすことができなくなった。

「やめて！」と叫んでも、肩と腕を締めつける女の力はわずかも弱まることはなかった。

女は満面に貼りついたような笑みを浮かべ、取り乱す千鳥さんの顔を見つめ続ける。

悲鳴をあげつつ、必死になって身を捩っていると、外から誰かの足音が聞こえてきた。

表の路地から門口を抜け、玄関に向かって凄まじい勢いで駆けてくる。

足音はあっというまに玄関戸の前まで達し、次の瞬間、がらりと引き戸が開かれた。

開け放たれた戸口の向こうには、顔色を蝋燭のように白くした美由さんが立っていた。

こちらも生気の失せた異様な顔つきをしていたが、目は殺気を帯びてぎらぎらと光り、満面に鬼のような形相を浮かべている。

「離せっ！」

千鳥さんが悲鳴を張りあげるのとほぼ同時に、美由さんが怒声を発した。

とたんに肩と腕を掴んでいた力が消え、身体が自由になる。

背後を振り返ると、薄笑いを浮かべていた女の姿が消えていた。

続いて玄関口のほうへ視線を戻すと、戸口に立っていた美由さんも消えていた。

何が起きたのかまるで分からず、その場に震えながらへたりこむ。

歯の音をがちがち鳴らしながら慄いていると、再びスマホの着信音が鳴りだした。

今度の発信主は美由さんの母だった。すぐさま通話に応じる。

震え声で彼女の母が語るには、先ほどのことだという。美由さんが勤め先の駐車場で倒れているのを発見され、病院に救急搬送された。意識不明の重体とのことだった。

たちまち血の気が引いて、言葉を失う。

すぐに駆けつけたのだけれど、到着した時にはすでに美由さんは息を引き取っていた。脳溢血とのことだった。そう言えば少し前から「頭が痛い」と言うことがあった。

美由さんが亡くなってまもなく、千鳥さんは借家を引き払い、その後はマンションで独り暮らしを続けている。美由さんが亡くなった晩、自分が体験したことについては、未だに理解も整理もつかない状態であるという。


千鳥さんからこの話を聞かせてもらったのは、二〇一八年のことだった。

だが、私はこれとまったく同じ流れの話を、すでに別の人物の口から聞かされていた。すでにお気づきかとは思うが、「死人帰り」という話で靖江さんを見舞った怪異である。こちらは確か、二〇一五年辺りに聞かせてもらったはずである。

あまりに話が似すぎているので千鳥さんに恐る恐る借家の所在地を尋ねてみたところ、靖枝さんが少女時代に暮らしていた家と同じ番地、同じ家屋だということが分かった。

件の家に果たして、どんな曰くがあるのかまでは分からない。ただ、ネットの地図で調べてみると、家自体は今現在も借家として何食わぬ体を装いながら存在している。

差し当たり、宮城県内のどこかにある家だということだけ明記しておく。

爆弾

大間（おおま）さんという、現在四十代になる男性から聞き得た話である。

今から三十年以上も前、彼が小学二年生の時のこと。

自分を含む一家全員が、昏睡状態に陥ったことがあるのだという。

当時、大間さんの家には両親と祖父母、それからふたつ年上の姉がいた。

問題が起きたのは、夏場の暑い昼時。日曜日のことである。

家族が居間でテレビを観つつ昼食を食べているところへ、朝から外へ遊びに出ていた大間さんが満面に笑みを浮かべ、開け放たれた掃き出し窓から入って来た。

両手には真っ白い顔にどす黒い瞳が並ぶ、大きな日本人形の首を抱えている。

人形を見た家族は揃って驚きの声をあげ、大間さんもつられて悲鳴をあげた。

こんなことがあったのだという。

大間さん自身が覚えているのは、夜の闇に包まれた居間の畳に自分が倒れていたこと。ふらつきながら起きあがると、他の家族も全員畳の上で伸びていたこと。

それからまもなく、家族も全員次々と意識が戻り、事の異様さに恐れを抱いた両親が、「病院へ行こう」と言いだしたこと。精密検査を受けた結果、大間さんたちが昏睡した原因は不明と診断されたことである。

家族はいずれも、日本人形の首を抱えた大間さんの姿を見ていると言っているのだが、当の大間さん自身にそうした記憶はない。そんな物など拾った覚えはないし、さらには当日、自分が朝からどこへ遊びに出掛けていったのかさえ覚えていなかった。

人形は、一家が意識を取り戻した時には見当たらなくなっていたという。

今でも夏場になると家族が当時の出来事を思いだし、そのたびに首を捻り合っている。毎回「あれは結局、なんだったのだろう……」というひと言で話は終わるそうである。

海辺のホテルと緑の目

拙著に『拝み屋怪談　花嫁の家』という本がある。

題名が示すとおり、白無垢姿の魔性にまつわる長大な怪異をつまびらかにした一冊で、おそらくこれまで私が書いた本の中で、最も世間に知られた一冊ではないかと思う。

同書に収めた話は、いわゆる「封印怪談」と呼ばれるカテゴリーに類するものだった。語ればかならずなんらかの災いが起こり、時には語ることさえ妨害されることもあった。

執筆に際しても例外ではなく、何度もPCの不調や原稿データの消失に見舞われつつ、ようやくの思いで書きあげた話である。生きた心地もしない体験だった。

斯様な特質を有する話は、実は手持ちの中にまだいくつかある。

そのうちの一話は既刊の「備忘録」シリーズで何度か紹介しようと考えていたのだが、そのたびに原稿データが消えたり、文字化けを起こしたりして実現に至らなかった。

本書に残された紙面も十五ページほどである。辛くも収録するのに支障のなさそうな範囲であるし、この際なのでトリを務めてもらうのもよかろう。

私自身はそれ相応の覚悟を持って紹介させてもらうが、親愛なる読者諸氏においては、どうか気楽な心地で愉しく怖がっていただければと思う。


今から七年ほど前、会社員の梨花(りか)さんから聞かせてもらった話である。

取材当時からさらに十五年ほど前、彼女が二十代の頃に体験した出来事だという。

この頃、梨花さんは、東北の田舎町にあるレンタルビデオ店でバイト勤めをしていた。

仕事は早番、遅番の2シフト制で、従業員は四十代前半になる店長を含め、十名ほど。

従業員の大半はアルバイトで、半数近くが大学生と専門学生。残りは梨花さんのような若いフリーターや子持ちの中年女性で占められていた。

彼女が店に勤め始めて二年近くが経った、夏場のことである。

岐部(きべ)さんという三十代後半の男性が、新たにアルバイトとして店に入ってきた。

肌の色が妙に生白くて口数が少なく、声も小さくぼそぼそしていて、聞き取りづらい。どことなく幽霊のような印象を抱かせる暗い雰囲気の人物である。

真偽のほどは定かでなかったけれど、同僚たちの語る話では、以前勤めていた会社をリストラされ、再就職までの繋ぎとしてバイトを志望してきたらしい。

およそ客商売に向くタイプとは思えなかったし、噂が本当であれば、新たな就職先が見つかり次第、彼は職場を去っていく人材ということになる。

ただ、事情はどうであれ、店は新人が入ると、決まって歓迎会を催す習わしがあった。定休日がないため、早番のシフトに入った従業員らが退勤後、非番の従業員たちを伴い、新人を囲んでささやかな宴席を設ける。岐部さんの時もそれは例外ではなかった。

歓迎会の会場は、店からほど近い距離にある、チェーン経営の居酒屋。

参加メンバーはその日、早番勤務だった梨花さんと、紀美子(きみこ)さんという三十代の女性。他には非番だった大学生の男女がふたりと店長。そして岐部さんの六名である。

宴会は、夜の七時半頃から居酒屋の個室で始まった。

店長に促され、乾杯の前に岐部さんから簡単な自己紹介と挨拶がおこなわれたのだが、やはりぼそぼそとした覇気のない口ぶりで、なんとも陰気くさいものだった。

下戸(げこ)の梨花さんは、いつも参加者たちを車で家まで送り届ける役目を負わされていた。参加費も割り勘のため、歓迎会はただでさえ気乗りがしない。

そうしたなかで聞かされた岐部さんの浮かない挨拶に、気分はさらに減退してしまう。宴の主役が暗い顔でいるため、他の面子もいまいち気勢を殺がれてしまった感があり、場は盛りあがりに欠けた。無理して発する明るい声やふざけた話題も上滑りしてしまい、楽しいはずの宴席は、まるでお通夜のようなムードになってしまう。

そうした流れもあったがゆえか、気づけば話題は怖い話になっていた。

初めのうちは、店に入荷したばかりのホラー映画のことなどを話していたのだけれど、そこから実話系の生々しい話に切り替わり、最後は参加者たちの身近で本当に起こった怖い話が披露されていくことになる。

同僚の夢枕に立った亡き祖母の霊や金縛りの体験、夜中に突然聞こえた不審な声など、他愛もないものばかりだったが、こうした話があまり得意ではない梨花さんにとっては、ますます気分を滅入らせるものになった。

一方、他の参加者たちはすっかり興に乗ってしまい、絶えることなく次々と怖い話を語り連ねていく。

「ところで岐部さんは、何かこういう体験したことないの？」

妙な具合に場が盛りあがるなか、店長が思いだしたように岐部さんへ水を向けた。

「ええまあ、ひとつだけならあるんですけど……」

短い沈黙のあと、相変わらずぼそぼそと小さな声で岐部さんが答えた。

「いいね、聞かせて！」という参加者たちの求めに応じ、岐部さんは躊躇いがちな色を浮かべながらも、やおら話を語り始めた。


昭和五十年代の終わり頃、岐部さんがまだ二十代で若かりし時にあったことだという。

真冬の休暇を使って、彼は当時交際中だった恋人と北陸地方へ旅行に出掛けた。

宿泊先は海辺に立つ旅館。付近の観光をしながら、二泊三日を過ごす予定だった。

宿に到着した初日、海岸沿いの道路を散歩していると、波打ち際に広がる砂浜の端にすっかり荒れ果ててぼろぼろになった、灰色のビルが立っているのを見つけた。

縦に細い形をした四階建ての構えをしている。コンクリートの壁はあちこちが崩れて剥がれ落ち、壁面にずらりと並ぶ窓もガラスが全て破れ、仄暗い内部が露になっている。

正面玄関とおぼしき戸口の上には、ホテルを示す看板が掛けられていた。

廃業してからかなりの年月が経つのは明白である。今はホテルだった頃の面影よりも、お化け屋敷を思わせる印象のほうがはるかに強い。見るからに気味の悪い建物だった。

息を呑みつつ視線を凝らしていると、恋人が眉をひそめて「もう行こうよ」と促した。素直に従い、ホテルの前から離れる。

だが、宿に帰ってからも荒れ果てたホテルの光景は、なんだか妙に焼きついてしまい、頭の中から追いだすことができなかった。

ホテルに抱く奇妙な感慨は、次の日も変わることなく続いていた。むしろ昨日よりも強くなった印象さえ抱く。ホテルは旅館の敷地内からもかろうじて見ることができたが、できればもう一度近くへ行って仔細を眺めてみたいと思う。

けれども恋人が許してくれなかった。

「ホテルに行かない?」と誘ったら、「どうかしているんじゃないの?」などと返され、それが原因で少し険悪なムードにもなった。鬱陶しい女だと思う。

仕方なく我慢することにしたのだが、それも一日限りが限界だった。

旅館をあとにした三日目の朝、帰りの車を走らせると無言でホテルのほうへ向かった。まもなくホテルの前に到着すると、当然ながら恋人は怒りだしたが、無視を決めこんだ。

「少し中を見てくる」とだけ言って車を降りる。

すると彼女も「一緒に行く」と言いだした。仕方なく、同伴させることにする。

荒廃しきった外観に負けず劣らず、内部の様子もひどい有り様だった。

調度品のたぐいは大半が撤去されたとおぼしく、視界に映る光景はがらんとしている。代わりに穴と染みだらけになった廊下の壁や、湿り気を帯びて腐れかかった床の細部が嫌でも目につき、物々しい雰囲気に心拍数が跳ねあがっていく。

階段を使って上の階にいこうとしたら、恋人が「もういいでしょう?」と言ってきた。

「嫌なら車で待ってろ」と返すと、苦い顔をして付いてくる。

二階から上は客室になっていた。ドアすら取り外されている部屋が多く、中へ入ると破れた窓から冷たい海風が鋭い音を立てて吹きつけてくる。

二階と三階の各部屋をひとしきり巡って回り、四階へ上った。フロアの構造は下階と変わりなかったが、視界は一段と薄暗くなり、空気も異様に重たく感じられた。

恋人と並んで廊下を進んでいくさなか、前方からふいに女の笑い声が聞こえてきた。

恋人が「ひっ!」と声をあげて身を摺り寄せてきたので、自分の空耳ではなかった。

笑い声は廊下の奥側、ドアの固く閉ざされた部屋の中から聞こえてきたように思えた。

「行ってみよう」と告げると「嫌よ」と返ってきたので、「車で待ってろよ」と告げた。

彼女は半泣きになりながらも、しぶとく付いてきた。

笑い声が聞こえてきたとおぼしい部屋のドアを開ける。

海側に面した部屋だった。破れた窓の外から鈍色(にびいろ)に陰った水平線が見える。

中に入って聞き耳を立ててみたが、声はおろか、誰かの息遣いすらも聞こえてこない。

だが、得体の知れない気配は感じた。やはり室内には誰かがいるように思える。

壁にはクローゼットが設えられていた。バスルームのドアはがら空きになっていたし、誰かが身を潜めているとしたら、ここしかないだろうと思った。

「開ける」と言うなり、恋人がぶんぶん首を振りながら「やめて」と答えて泣きだした。

思わずかっとなってしまい、「どうしていちいち反対する!」と怒鳴りつける。

そこへ突然、クローゼットの扉が「ばん!」と音を立てて中から開いた。

はっとなって振り向くと、中から得体の知れない女が飛びだしてくるところだった。

白いローブのようなものを身に纏った若い女で、髪の毛は亜麻色に染まる長い巻き毛、目は翠玉(すいぎょく)を思わせる深い緑を湛えてぎらぎらと光っている。

こちらが悲鳴をあげると同時に、恋人も鼓膜が破れるような甲高い悲鳴を張りあげた。

それが妙に腹立たしく感じてしまい、反射的に彼女の顔をきっと睨みつけた。

彼女もこちらへ視線を向けたが、耳障りな悲鳴を止めることはなかった。

そこで記憶が飛んでしまう。

次に覚えているのは、ホテルの脇に停めた車の運転席でハンドルに顔をうずめながら、なぜかへらへら声をあげて笑っているところからである。

まもなく我に返って助手席に視線を向けると、恋人がいない。

再びホテルの中へ戻り、名前を呼びながら内部を虱潰し(しらみ)に探し回ってみたのだけれど、とうとう彼女は見つからなかった。

警察にも通報したのだが、結局彼女は見つからず、ひとりで地元に帰ることになった。警察官から聞いたところによると、砂浜に立つ廃ホテルは以前から心霊スポットとして地元に広く知られる建物で、緑色の目をした女の幽霊が出るとのことだった。

「あくまでも噂ですが」と言われたものの、実際に目撃した身としては、真実だろうと思うよりなかった。恋人はその後も一向に見つからず、失踪した原因も分からないまま現在に至るのだという。

ホテルのほうもだいぶ以前に取り壊されてしまい、今は見る影もない。解体工事中に遺体が発見されたという話も聞かなかったので、本当にどこへ消えてしまったのか。

今でも謎は一切解けないままであるという。

言葉を連ねる岐部さんの口ぶりは、いつものぼそぼそとした調子とは打って変わって、まるで淀みの感じられない極めて流暢なものだった。

けれどもそうした彼の語調などより、彼の口から紡ぎだされた話の内容のほうにこそ、梨花さんは驚かされたし、心底ぞっとさせられてしまった。

他の参加者たちも笑みを引き攣らせ、話を終えた岐部さんに怯えた視線を向けている。本当に気味の悪い話だった。何をどう理解していいのかさえも分からない。

「いやいや、さすがに怖すぎでしょう。とんでもない話が出てきたな……」

その場をどうにか取り繕うように店長が岐部さんに笑いかけたが、焼け石に水だった。「とんでもない話」という言葉に一同うなずき、ぶるりと肩を震わせる。

紀美子さんが「今でも当時のことを思いだして怖くならないんですか?」と尋ねたが、岐部さんは元のぼそぼそとした口調に戻って、「昔のことですから」とだけ答えた。

大学生の男子もいくつか彼に質問を向けたのだけれど、暖簾に腕押しといった感じでいずれの答えも要領を得ないものだった。自分がどうして、あれほど廃ホテルに興味を抱いてしまったのかという理由についても、分からないとのことである。

その後、宴席は再びお通夜のようなムードに戻って、十一時頃にお開きとなった。

紀美子さんは大学生の女子を車で送りながら家路に就き、大学生の男子は徒歩で帰宅、梨花さんは店長と岐部さんを乗せて帰る手はずになっていた。

店を出発して十分近くで店長宅に到着し、彼を降ろして今度は岐部さんの家を目指す。彼の家は隣町にあり、店長宅からさらに十分ほどの距離にあるとのことだった。

岐部さんは後部座席に座っていた。道中、特に話すことはなかったので、梨花さんは黙って運転していたのだけれど、いくらも経たずに岐部さんのほうが口を開いた。

「さっきの話、怖かったですか？」

ぼそりと独りごちるような声音で尋ねてくる。

「ええ、すごく怖かったです。今思いだしても、ちょっと震えてしまうくらい」

答えると短い沈黙があり、それから彼は小さく「ふっ」と笑って言葉を継いだ。

「実はさっき、少し言いづらくて言わなかったことがあるんです。聞きたいですか？」

「えっ！　怖いからもういいですよ！　わたし、独りで帰らなくちゃならないですし」

本当に聞きたくなかったので、笑いながらも大袈裟に答えて拒絶の意を示したのだが、彼のほうは「まあまあ」とつぶやき、勝手に話を切りだした。

「あのね、当時私が付き合っていた恋人って、あなたにとてもよく似ているんです」

何を言いだすのかと思い、怖い話とは別の意味でぞっとする。

自分に妙な下心を抱いているのだろうか。車内にふたりでいるのが不安になってきた。様子をうかがうべく、ルームミラー越しにそっと様子を覗き見る。

暗く染まった後部座席には笑みを浮かべる岐部さんと、彼の隣に座る女の姿があった。女は鏡越しに険しい目つきでこちらを睨みつけている。顔は梨花さんによく似ていた。

思わず悲鳴があがり、反射的にブレーキを踏んで路肩に車を急停止させる。

背後を振り返ると、後部座席にいるのは岐部さんだけだった。女の姿はどこにもない。

「危ないなあ。どうしたんですか？　びっくりしましたよ……」

憮然とした表情で岐部さんがつぶやく。「道路に猫が出てきたと思った」と嘘をつき、素知らぬ顔を装って再び車を発進させる。

ルームミラーは二度と見ないようにした。岐部さんもその後は口を閉ざしてしまい、闇夜に黒々と染まる田舎道を無言のままに走り続ける。

やがて到着した岐部さんの自宅は、町外れにある小さなアパートだった。

「よかったら、少し寄っていきませんか？」と誘われたが、きっぱり断った。

アパートの前で不気味に手を振る彼の姿を横目にしながら、自宅へ向かって発進する。

それから三十分近く、やはりルームミラーを決して見ないようにしながら車を走らせ、そろそろ自宅が近づき始めてきた時のことだった。

背後から突然「ねえ」と声をかけられた。

ぎくりとなって振り返ると、自分とよく似た女が後部座席に座って、梨花さんの顔をひたと睨み据えていた。再び喉が潰れるような悲鳴があがる。

慌ててブレーキを踏んだが、タイヤがスリップを起こしてしまい、車は斜めになって縁石を乗り越え、道端に広がる田んぼの中に突っこんでいった。


幸い、命に別状はなかったものの、この時の事故で梨花さんは左手の薬指を骨折した。

だが、惨事はこれだけに留まらなかった。

梨花さんが事故を起こした同じ晩、紀美子(きみこ)さんも帰り道で自損事故を起こしてしまい、同乗していた大学生の女子ともども、ムチ打ち症になってしまう。

事故の原因は、路上に突っ立っていた女を避けるためだった。亜麻色の長い巻き毛にローブのような白い服を着た女が、道路のまんなかに立っていたのだという。

ヘッドライトに照らされた女の両目が緑色に輝いたのを、ふたりとも見たそうである。車が電信柱に衝突したのち、外の様子を調べてみたのだが、女はすでにいなかったという。

ひとりで帰った大学生の男子は、暗い夜道を歩くさなか、背後から怪しい気配を感じ、何かに追われるような心地で帰宅した。

夜中、ふとした弾みで目を覚ますと、身体が石のように固まってぴくりとも動かない。狼狽しながら視線を動かしていくと、自室のドアが半開きになっているのが目に留まる。細く開いたドアの向こうには緑色の目をした女が立って、こちらをじっと見つめていた。そこで意識を失ってしまう。

翌朝目覚めるとひどい高熱をだしていて、しばらく臥せることになった。

さらには店長も梨花さんが自宅へ送り届けたのち、入浴中に緑色の目をした女を見た。湯船からあがって浴室を出ようとした時、背後からぽんと肩に手をのせられた。振り返ると、緑色の目をした女が立っていて、薄笑いを浮かべていた。

悲鳴をあげて驚き、身を跳ねあがらせた勢いで足を滑らせてしまい、浴室の床に転倒。右大腿骨を折る重傷を負うことになった。

岐部さんの話を聞いた全員が同じ晩、怪異に出くわし、惨事に見舞われている。

肝心の岐部さんは、次に入っていたシフトを無断で休み、その後は音信不通となった。以来、一度も顔を見ることのないまま現在に至る。

果たして彼はあの晩、どんな意図があって、あんな話を自分たちに語り聞かせたのか。理由は分からなかったし、話の内容自体も不審な点が多かったが、とりわけ梨花さんが不信感を抱いたのは、彼の恋人はどうなったのかという点についてである。

もしかしたら彼女は、岐部さんに殺されたのではないかと梨花さんは考えている。

ふたりの関係性については、岐部さんが語った話の中でしか知る由がないのだけれど、廃ホテルを探索中、岐部さんが彼女に苛々しながら冷たく当たり続けたくだりを思うと、「あるいはひょっとして」という所感を抱いてしまう。

仮にそれが事実だとして、元々岐部さん自身に彼女に対する殺意があったものなのか、それとも件の廃ホテルに住まう、緑色の目をした女に魅入られたゆえの凶行だったのか。どちらであったのかは分からない。

ただ多分、彼は彼女を殺している。そうした思いだけは心に強く抱いてしまう。

解体したホテルから遺体が見つからなかったというのが本当なら、どこか別の場所に遺棄したのだろう。本人にそうした自覚があるのかどうかは別として。

岐部さんを自宅へ送り届けるさなかに目撃した、自分とよく似た顔をした女。彼女はやはり殺されているからこそ、険しい目つきで彼の隣に居座り続けているのだ。そうした想像をしてみると、所感はますます確信めいて背筋がぞっと凍りついた。

全ては北陸地方にあったとされる廃ホテルと、緑色の目をした女が誘発した惨劇か。それとも岐部さん自身の心の闇が引き起こした、異様な状況下における凶行か。

本人からの告白が得られない以上、真相は藪の中だが、それでも歓迎会の夜に起きた同時多発的な怪異の凄まじさを鑑みると、これ以上の詮索はよしたほうがいい気がした。何しろ単に話を聞かされただけで、あれだけの惨事に見舞われてしまったのだから。

歓迎会の夜から数ヶ月ほどで梨花さんもレンタルビデオ店のバイトを辞め、その後は怪異の関係者となった店の従業員たちとも顔を合わせることはなかったという。

「うっかり話を蒸し返して、また何か怖いことでも起きたら嫌ですから……」

そんなふうに締め括った梨花さんの話を最後に収録させてもらった。

願わくは、話の概要を読み知ったあなたの身に、いかなる災厄も降りかからぬことを謹んで祈りつつ、本書の幕を引くことにする。

拝み屋備忘録　怪談死人帰り

2022年8月5日　初版第1刷発行

著者…… 郷内心瞳
デザイン・DTP …… 荻窪裕司(design clopper)
企画・編集 ……Studio DARA

発行人…… 後藤明信
発行所…… 株式会社 竹書房
〒102-0075　東京都千代田区三番町８－１　三番町東急ビル６F
email：info@takeshobo.co.jp
http：//www.takeshobo.co.jp
印刷所…… 中央精版印刷株式会社